他们为什么成了作家

于德北◎著

作家

中国出版集团

现代出版社

图书在版编目（CIP）数据

他们为什么成了作家 / 于德北著；——北京：现代
出版社，2013.1 （2024.12重印）
（我的未来不是梦）
ISBN 978-7-5143-1050-4

Ⅰ．①他… Ⅱ．①于… Ⅲ．①作家－生平事迹－
世界－青年读物②作家－生平事迹－世界－少年读物
Ⅳ．①K815.6-49

中国版本图书馆 CIP 数据核字（2012）第 292870 号

我的未来不是梦——他们为什么成了作家(作家)

作　　者	于德北
责任编辑	刘　刚
出版发行	现代出版社
地　　址	北京市朝阳区安外安华里 504 号
邮政编码	100011
电　　话	（010）64267325
传　　真	（010）64245264
电子邮箱	xiandai@cnpitc.com.cn
网　　址	www.modernpress.com.cn
印　　刷	唐山富达印务有限公司
开　　本	700×1000　1/16
印　　张	12
版　　次	2013 年 1 月第 1 版第 1 次印刷　2024 年 12 月第 4 次印刷
书　　号	ISBN 978-7-5143-1050-4
定　　价	47.00 元

序　言

　　这套以"我的未来不是梦"命名的丛书，经过众多编者的数年努力，终于以这样的形式问世了。

　　此时，恰值党的"十八大"刚刚胜利闭幕，选举出了以习近平同志为首的党中央领导集体。"十八大"报告中对教育领域提出："坚持教育为社会主义现代化建设服务、为人民服务，把立德树人作为教育的根本任务，培养德智体美全面发展的社会主义建设者和接班人。"这使我们编者更感此套丛书生即逢时，契合新时期新要求，意义重大。

　　我们编写的这套《我的未来不是梦》系列丛书，精选了古往今来的一些重要职业，尤以当下热点职业为重。而"梦想的实现"则是本套丛书的核心。整套书立意深远，观点新颖，切合实际，着眼实用，是不可多得的青少年优质读物。

　　我们深信，这套丛书必将伴随小读者们的生活与学习，而促进他们德智体美全面健康的成长。更使他们对未来充满信心，驾驭着新知识和新科技，驶入海洋，飞向蓝天，去实现最美好的梦想！

目录 CONTENTS

CONTENTS

第一章

作家和文学

◦ 导读 ◦

如果历史是一片天空，那么，文字就是璀璨耀眼的星辰。在那些明亮的文字里，属于文学的部分无疑是最深邃、最清澈、最动人、最美丽的。文学成就了作家，作家创造了文学。在文学的滋养下，作家们用良知照亮了世界！

■ 从"杭育杭育"开始

文学是何时起源的呢?鲁迅先生在其《门外文谈》中提出了一个"杭育杭育派",说一群人扛木头,觉得吃力,一个人于是高喊"杭育杭育",这"杭育杭育"便是最早的文学,那喊的人,便是最早的作家。鲁迅先生这段话半是认真半是玩笑,却说明一个道理:文学不是什么随便的玩意儿,文学总需与人的生存状态息息相关,且需传递出心底的呼声。

一番"杭育杭育"纾解了郁闷,驱走了疲劳。人类从此晓得了文学的好,便在今后的日子里,发展出更丰富也更精致的"杭育杭育",最早的成果便是世界各地的神话与英雄传说。印度两大史诗《摩诃婆罗多》《罗摩衍那》,古代"两河流域"的《吉加美士史诗》,古代冰岛的《埃达》、《萨加》……这其中的翘楚,当属古希腊诗人荷马。

荷马(约公元前9至8世纪),相传这位盲歌者创作了两部著名史诗《伊利亚特》、《奥德赛》。《伊利亚特》为我们描绘了特洛伊战争的恢弘,展示了阿喀琉斯至刚的性情和至强的武勇;《奥德赛》则道尽了归乡的曲折坎坷,刻画出奥德修斯的智慧和狡黠。它们为西方的叙事传统提供了最早的光辉的范本。

话分两头,文学的另一大传统——抒情,则在东方的中国落地生根。春秋时代(公元前770至前476年),我国第一部诗歌总集《诗经》问世。《诗经》收录风、雅、颂计三百余首。这些诗中,如《关雎》,表达的是恋爱中的思慕之情,如《黍离》,反映的是对国运日衰的深深怅恨,林林种种,但无不至真至纯，发自肺腑。孔子有云："《诗三百》，一言以蔽之，曰：思无邪。"

如此，文学两大传统——叙事与抒情的基石已然打牢，而真正意义上的作家，仍未登场。尽管古希腊有荷马和他的两部著名史诗，但是关于荷马是否确有其人争论很多，构成了欧洲文学史上的所谓"荷马问题"。上文提到的神话、史诗也好，诗经也好，基本上都是集体智慧的结晶。它们如实反映了人类某些共性的感情和向往，但缺少个人微妙的心绪和独特的见解，也缺乏个性彰显的手法和文风。随着人类思维能力和驾驭语言的能力的不断提高，文学的各种潜在的可能性已隐隐地散发出辉光，等待前来发掘它的英才。文学史上一个崭新的时代呼之欲出。

在西方，古希腊的悲剧作家们最先迎来了新时代的曙光。公元前6世纪，古希腊举办了第一届戏剧竞赛。约定俗成、故老相传的羊神剧和酒神颂，被个人创作的戏剧所取代。每一个作者，都力图在自己的戏剧中融入与众不同的思考和独树一帜的表达。在众多的剧作家中，有三个名字尤为值得我们关注，他们是——埃斯库罗斯，其《被缚的普罗米修斯》塑造了不畏强权的叛逆者普罗米修斯的形象，两千年之后的雪莱，仍将这一形象作为反抗暴政的鲜明旗帜；索福克勒斯，他的命运悲剧《俄狄浦斯王》深刻地体现了古希腊"单纯的崇高与肃穆的伟大"的美学观；欧里庇得斯，这位身处盛世之末的剧作家敏感地将时代的不安和挫败感弥漫在他的《美狄亚》之中，该剧被后世誉为"心理戏剧的鼻祖"。

在中国，大名鼎鼎的屈原的出现标志着文人的自觉。他将"举世混浊而我独清，众人皆醉而我独醒"的感时忧国之情化进《离骚》，将对宇宙人生的深刻哲思融入《天问》，这是第一个将文字深深打上个人烙印的作家，司马迁在《史记·屈原列传》中赞美屈原："其文约，其辞微，其志絜，其行廉，其称文小而其指极大，举类迩而见义远。……推此志也，虽与日月争光可也。"

就这样，作家走到了文学舞台的中心，从此以后的文学史，也将同时是作家的历史。

在苦难与梦想中飞升

2012 年 10 月 11 日,瑞典学院宣布,中国作家莫言获得本年度诺贝尔文学奖。消息传来,整个中国为之沸腾。人们互致电话,奔走相告,都用极大的热情分享着这一份殊荣所带来的喜悦。在莫言的家乡——山东高密,无论是莫言的家人、邻居,还是素不相识的陌生人,大家举酒言欢,放生歌唱,璀璨的烟花把整个县城的夜空照亮。

相对而言,莫言是低调的,当记者问他,用什么方式来庆祝自己获奖时,他平静地回答,我喜欢吃饺子,和家人一起吃一顿葫芦馅儿饺子。

这符合莫言的特点。

作为一个作家,他是耐得住寂寞的,也是耐得住争议的。早在 1994 年,日本作家大江健三郎获得诺贝尔文学奖时,就在获奖演说中做过这样的表述,"如果有可能让我来选出一位诺贝尔文学奖获得者,那就是莫言。在我知道的中国作家中,莫言是最出色的。"让我们感到欣喜的是,18 年后,大江的话得到了证实。

有人说,在中国和莫言创作水平及成就相匹配的作家很多,几乎对文学有点爱好的人,都会随口提出一两位,甚至三五位。但就其思辨性和探索性,莫言是不可取代的。他在不断地完善自己,不断地追求着人性本质的"完美"。莫言的作品已不能单纯的用故事来形容,他已经把故事变成了漫天翻飞的各种幻影。

莫言的原名叫管谟业,是他们家里最小的一个孩子。根据《高密管氏

我的未来不是梦

家谱》上的记载,高密管氏世代居住在胶东,据考是春秋时齐国宰相管仲的后代。他们的祖上,因为种种原因,曾迁居江苏海州,浙江龙泉和江淮一带。莫言家的这一支,于明初迁至高密城东的管家苓芝,民国元年,因打官司败诉,才由曾祖父带领一家老小迁至高密东北乡平安庄。莫言出生的年代是 20 世纪五十年代中期,他虽然在家中最小,却得不到丝毫的照顾,并非父母不心疼他,而是在那个年代里,每一个家庭吃饭都成了最大的问题。我们读过莫言的《透明的红萝卜》,那里边的"黑孩儿"身上,应该就有莫言的影子。1961 年的春天,村里的小学进了一车煤,孩子们从没见过这种东西,见它黑亮黑亮的,以为是什么美食,于是,蜂拥而上,一人抱一块在手里,大嚼特嚼,莫言也在其中,那种味道令莫言终生难忘。饥饿,贯穿了莫言的童年。由于小时候吃不到面,所以莫言的最爱就是面食,面条、馒头、饼,只要是面做的他都喜欢,如果能放开肚子吃一顿饺子,那无疑是上天的最高奖赏。

小学毕业后,因为出身的关系,莫言与中学无缘,不满 12 岁的他开始回家务农,在孤独、苦闷和自卑中开始了自己的少年生活,他渴望上学,每次放牛、割草,都会路过学校,听到校园里的读书声,他的内心都会产生巨大的苦痛。虽然不能上学,但莫言却从未放弃过读书,他和二哥争读大哥留下的书,读完了就去别人家借,为了借书,他和二哥轮流给人家推磨,推 10 圈换一页书,想完整地读一本书,他和二哥在磨房里不知转了多少圈。就这样,他读了《聊斋志异》、《水浒传》、《七侠五义》、《林海雪原》等一批古典及现代小说,大大地开阔了自己的视野。

1963 年,莫言的大哥考上了华东师大,这对莫言的触动非常大,他也想外出读书,但名额都被出身好的人家的子弟占上了,村里人用异样的目光看着他,贫农代表更是"一针见血","你这样的能上得了大学,连猪圈里的猪也能上。"

做为农村的孩子,想走出农村,除了升学,还有一个希望,就是去当兵。1976 年,第四次报名的莫言终于如愿以偿,满心欢喜地坐上了开往兵营的车。莫言入伍后,很快发现了自己的不足,因为他所在的部队属于总参谋部的一个保密部门,所以,能在军营出人头地的都是那些学历高、文化好的技术人才,像莫言这样学历浅、没技术的新兵,除了做饭,只能去站岗。就这样稀里糊涂地干几年,然后再回高密去,还是打拼出一条出路,留在部队,做一个有出息的军人?莫言的选择是后者,苦闷之中,他想到了写作,自己读过那么多小说,在家时,还出过黑板报,可谓有一定的"文学"基础,如果能发表几篇文章,就有可能提干,如果提了干,就会永远留在绿色的军营了。就是这样简单的想法,成就了以后的莫言。

那几年,莫言写的很苦,尽管努力,但没有收获,寄出去的稿子多是泥牛入海,他的文字都变成了"垃圾"。由于压力大,他失眠,掉头发,胃病和鼻炎频发,虽然苦,可他告诫自己,不能放弃。1981年夏,他的小说《春夜雨霏霏》终于发表在保定的文学刊物《莲池》上,这给了莫言莫大的鼓舞和继续前进的动力。

1984年,莫言以文化课第二,专业课第一的成绩进入了解放军艺术学院文学系,他永远忘不了徐怀中和刘毅然对他的帮助。别人进军艺,都是部队推荐的,只有莫言,是拿着两篇作品来自己报名的,他想考军艺,请示领导,领导让他自己去问问,于是,他怀揣《售棉大道》和《民间音乐》来到军艺。接待他的是刘毅然,刘毅然读了他的作品之后,觉得很好,就推荐给了有决定权的徐怀中,结果,徐怀中慧眼识英才,一下子就相中了莫言。进入军艺后,莫言如鱼得水,从那以后,文学殿堂的大门真正地向他打开了。几十年下来,无论《红高粱家族》,还是《天堂蒜薹之歌》,无论是《丰乳肥臀》,还是《檀香开门》,无论是《生死疲劳》,还是《蛙》,莫言变得越来越透明!

莫言还在创作,我期待他的新作早日问世!

勤奋刻苦的莫言

《三联生活周刊》2012年第42期,以33块巨幅版面,刊登了总题《解释莫言》的一组文章,全方位地诠释了中国第一位诺贝尔文学奖获得者,著名作家莫言的生活与创作。

在《莫言与故乡》一文中,有这样一段话,足以证明莫言的勤奋和刻苦。

"在部队时,莫言利用晚上的时间在仓库里写作,夜里饿了就啃大葱充饥,从此落下了胃病,直到现在还经常折磨他。虽然已经成了知名作家,但莫言用的笔,还是多年来一直用的一支1.5元的钢笔。2006年,他在北京借住到一个朋友的房子里,用了43天时间,耗去了三瓶墨水,写出了43万字的《生死疲劳》。令众人狂欢的诺贝尔文学奖,在他的妻子看来,不过是莫言多年的辛苦写作终于得到了一丝安慰。"

■ 眼前的事

　　"五四运动"是 1919 年的事了。我们上一次提及中国文学是到宋朝。在这六百多年间，中国文学经历了从宋词到元曲到明清小说的变迁。出现了"四大名著"——三国水浒西游红楼。最可称道的，当属《红楼梦》。当代文学所挖掘出的所有场域和技法，都能在这部 18 世纪的小说中找到，而且运用得无比纯熟自然。作者何以能至此?无他，试问谁能为一部书"披阅十载，增删五次"? 曹雪芹做到了，"字字看来皆是血，十年辛苦不寻常"。

　　20 世纪至今，文学朝着更加多元的方向蓬勃发展，各种思潮、流派以前所未有的速度相继问世，日本、拉美等之前的"边缘"如今也走到了轴心，为世界文学贡献独具一格的美的表达。表现主义、意识流、荒诞派、魔幻现实主义纷纷扬起鲜明的旗帜。卡夫卡、乔伊斯、普鲁斯特……一颗颗巨星升起在文坛的天空。

　　以上，便是迄今为止文学与作家的简史。如果这些蜻蜓点水式的介绍您读来不过瘾，那么请接着往下翻，走进一个个作家的生活，深入一个个风起云涌的时代，经历一个个激荡人心的历程;你会从中汲取不竭的动力。

　　最后，引用浮士德的天使的话结束这一章，也送给阅读本书的您——"凡自强不息者，终得拯救"。

智慧心语

1.希望是附丽于存在的,有存在,便有希望,有希望,便是光明。

——鲁迅

2.让预言的号角奏鸣!哦,西风啊,冬天已经到来,春天还会远吗?

——雪莱

3.希望是厄运的忠实的姐妹。

——普希金

4.先相信你自己,然后别人才会相信你。

——屠格涅夫

5.宿命论是那些缺乏意志力的弱者的借口。

——罗曼·罗兰

第二章

蝴蝶有了翅膀才能飞翔

◎导读◎

　　没有梦想就没有生命！人的生命是有限的，但梦想是无限的；生命是高贵的，梦想是美好的。梦想是希望！只要我们每天都在提醒自己——我有一个梦想，那么，我们就一定能够拥有一个丰富多彩的人生，也一定能活出一个无限精彩的自我！

杜拉斯

■ 智慧是你的第一位导师

但丁是中世纪意大利最伟大的诗人。他出生于佛罗伦萨一个破落的贵族之家,祖先曾是佛罗伦萨的骑士,其家庭属于罗马的贵族阶层,但是,到但丁出生时,他的家境已和普通的市民相差无几了。

但丁一生创作颇丰,其中最著名的最有价值的对后世最具影响力的当推长诗《神曲》。这部长诗被誉为中世纪文学的巅峰之作,同时,也是文艺复兴的先声之作。它所绽放的人文主义思想的曙光,不但对中世纪的蒙昧主义挥出了利剑,同时,也让后人从如珠似玉的诗行中沐浴了真理的道道光辉。

恩格斯盛赞但丁是"中世纪的最后一位诗人,同时也是新时代最初的一位诗人"。

因为但丁的不可磨灭的成就,使他与莎士比亚、歌德被文学史家们并称为"世界三大文学巨匠"。

但丁童年的时候,家道中落,父亲经商,努力维持着一家人的日常生活。虽然不富裕,但父母仍然十分重视儿女们的教育。他们尽量省吃俭用,节约下来一些钱物,用于孩子们的读书、学习。

但丁5岁的时候,母亲去世,他幼小的内心十分悲苦。在他的意识里,对人们传说的天堂和地狱有了深刻的感受。他希望自己的母亲可以在天堂生活得幸福、快乐。母爱的缺失,让小但丁变得沉默寡言。他喜欢一个人思考问题,就连和父亲在一起的时候,他也很少主动说话。

父亲虽然也疼爱但丁，无奈整日为生计奔波，很少能抽出时间关心、教育孩子，看着但丁忧伤的面孔，他暗中不止一次发出叹息。为了能让但丁健康地成长，父亲特意请来了著名学者拉蒂尼做他的家庭教师，系统地教授但丁拉丁文、修辞学、诗学和古典文学。

拉蒂尼是一位大哲学家，同时也是一位细心的、善良的老师。上课之初，但丁除了茫然的听讲外，一句问话都不回答。拉蒂尼知道，是母亲的离去，使小但丁的心灵受到了创伤，所以，他决定改变一种方式，让关怀和爱心驱散悲伤的阴影，从而开启小但丁紧紧关闭的心扉。

他要让但丁的身心插上一双梦想的翅膀。

拉蒂尼从但丁父亲那里获知，但丁虽小，但是对知识，尤其对文学故事一直是心存渴慕的，于是，便决定从这里下手。

"孩子，"拉蒂尼站到但丁对面，温柔地说，"我能看出来，你很不快乐。但是，请你记住：一个人，只要他热爱学习，就会获得快乐！"他停顿了一下，继续说，"从现在起，你跟我学习，我会让你快乐起来的。"

除了父母，没有谁对他用如此疼爱的语气说话，但丁没有马上回答这个和蔼的人的话，但他却真切地从对方的举止言谈中体会到了爱的暖流的涌动。

他想：这是一个怎样的人啊？这话语多么的熟悉，是妈妈吗？可是，妈妈已经离开我了；是爸爸吗？他为了经营这个家，终日劳瘁，尽管有时可以顾及到我，可那样的安慰已不能完全地滋润我的心了。拉蒂尼，拉蒂尼老师要是我的父亲该有多好啊！

拉蒂尼看着但丁，言语更加柔缓，"你听见我的话了吗？亲爱的孩子。从今天起，我们学习拉丁文好吗？"

"好的。"但丁仰起脸，轻轻地吐露心声。要知道，这可是母亲去世之后，他第一次和陌生人说话。他问拉蒂尼："可是，先生，为什么一定要学拉丁文呢？"

"你的父亲对我说，"拉蒂尼拉着但丁的手，和他一起坐下来，"你喜欢听故事，喜欢故事里那些有趣的人物。可是你知道吗？从古到今，许许多多

美丽的故事都是用拉丁文写成的。如果你学会了拉丁文,就可以大步迈进
故事王国的城门,在那些神奇的情节中尽情奔跑了。"

老师的话深深地打动了但丁。

"真的吗?是真的吗?"但丁有些激动了,"这可太好了,我一定要好好
学习拉丁文。"

从但丁坚定的话语和真挚的目光中,拉蒂尼看到了希望。

他暗暗地对自己说:"这个孩子将来必定会有大出息的。"

就这样,一场看似简单的对话,真的打开了但丁的理想之门。他跟随
拉蒂尼,不但学习拉丁文,还涉猎到了大量的古典文学作品;对绘画和音
乐也造诣不凡,甚至还研究了神学与哲学。

聪明好学的但丁在学业上可谓突飞猛进。

不到10岁,他就遍读了古罗马大作家维吉尔、奥维德和贺拉斯等人
的作品。在和老师探讨维吉尔的作品时,他欣喜地说:"一接触他的作品,
我就像跃进了智慧的海洋。"

拉蒂尼笑了,他笃定地望着但丁,语重心长地说:"孩子,几年的时间
过去了,你已经找到了自己真正的老师!"他走到窗边,眺望着远方,鼓励
但丁说:"你在你所阅读的作品中得到的智慧,是你真正的第一位导师
啊!"

——拉蒂尼的教诲对但丁的未来深具影响,但是,站在更高的一层意
义上讲,但丁的坚韧、好学、不屈和奋斗,是成就其一生事业的最坚定的基
石。但丁说:"我们唯一的悲哀是生活于愿望中而没有希望,所以,让我们
遵循先圣的教导,设定目标,努力向前吧,因为最聪明的人是最不愿浪费
时间的人!"

他们为什么成了作家

梦想有时是需要人来点亮的。点亮梦想的人有可能是你自己,也有可能是你的师长、同窗,亲人、朋友。但是,无论是谁,只要梦想已经燃烧,你就要有所行动。

知识链接

文艺复兴

文艺复兴是指 13 世纪末在意大利各城市兴起,以后扩展到西欧各国,于 16 世纪在欧洲盛行的一场思想文化运动。一些新兴资产阶级中的先进知识分子借助研究古希腊、古罗马艺术文化,通过文艺创作,宣传人文精神,提倡人性,反对神性,主张人生的目的是追求现实生活中的幸福,倡导个性解放,反对愚昧迷信的神学思想。它带来了科学与艺术的革命,揭开了近代欧洲历史的序幕,被认为是中古时代和近代的分界。马克思主义史学家认为是封建主义时代与资本主义时代的分界。恩格斯曾高度评价"文艺复兴"在历史上的进步作用:"这是一次人类从来没有经历过的最伟大的、进步的变革,是一个需要巨人而且产生了巨人——在思维能力、热情和性格方面,在多才多艺和学识渊博方面的巨人的时代。"

《神曲》

文艺复兴时期,意大利诗人但丁于 1307–1321 年所创作的长诗。全诗为三部分:《地狱》、《炼狱》、《天堂》。这部作品通过作者与地狱、炼狱及天堂中各种著名人物的对话,反映出中古文化领域的成就和一些重大的问题,带有"百科全书"性质,从中也可隐约窥见文艺复兴时期人文主义思想的曙光。在这部长达一万四千余行的史诗中,但丁坚决反对中世纪的蒙昧主义,表达了执着地追求真理的思想,对欧洲后世的诗歌创作有极其深远的影响。《神曲》的意大利文原意是《神圣的喜剧》。但丁原来只给自己的作品取名为《喜剧》，后人为了表示对它的崇敬而加上"神圣"一词。起名《喜剧》是因为作品从悲衰的地狱开始，到光明的天堂结束，由于当时的人们习惯把叙事诗称为"喜剧"和"悲剧"，而这个故事有一个比较完满的结局，所以称为"喜剧"，翻译到中国的时候被译为《神曲》。它是欧洲古典四大名著之一。

■ 无冥冥之志者，无昭昭之明

立志勤学是中国人的传统美德。所谓"立志"，即立定志愿；所谓"勤学"，即多学苦练。古人每有师承，老师都会首先向学生传递"志不强者智不达"的思想——立志，是勤学的前提，亦是勤学的动力；而勤学，是成功的唯一途径，也是成功的必要条件。有远大志向人才会获得成功之智，有了成功之智，最终才能抵达成功的彼岸。

孔子是我国乃至世界历史上最伟大的文学家、思想家、教育家。他一生求索，孜孜不倦，无一刻不严格要求自己，"温故而知新"。关于他治学的故事很多，而且每一则都家喻户晓，但是，再熟悉的故事，大家每一次讲起来都乐而不疲——由此可见，圣者的榜样力量是巨大而无穷的。

孔子所生活的年代，没有纸张，也没有先进的印刷技术，想获得别人的一本著作，完全依赖"手抄"。这种"手抄"的工作很辛苦，必须把文字一个一个地刻在竹片上，刻好后按顺序用皮绳串起来保存好。这种竹片一尺多长，一寸来宽，二分来厚，我们称之为竹简。

《易经》就是孔子亲自刻到竹简上的。

孔子很喜欢《易经》这部书，经常放在手边翻阅。由于翻阅的遍数太多，皮绳被磨断，竹片散落了一地。冬天天气寒冷，屋子里又没有生炉子，如果竹简散了，很难一次性地把它们一一穿好。皮绳断了，穿起来又断了，如果反复读一部书，这样的情况就会经常发生。孔子晚年的时候，双目昏花，行动不便，手指也不那么灵活了，所以，穿竹简的工作对他来说十分艰苦。但是,他依然耐心地,摸索着完成每一道程序,以至竹简都被磨得油光锃亮。

孔子就是如此手不释卷,同时对自己珍视的书籍保持着高度的尊重。

他常对弟子们说:"如果能让我多活上几年,我对《易经》的研究就会更深刻一些啊。一个人要学而不已,盖棺乃止啊!"

孔子就是这样的勤奋好学,终成后世尊师。

——"韦编三绝",不失其志,圣人的所作所为,对于我们是深有启示的。

范仲淹是北宋时著名的政治家、文学家。他的诗、词都很有成就,著名的《岳阳楼记》更是广为流传,其中"先天下之忧而忧,后天下之乐而乐"的名言不仅妇孺皆知,对许多有抱负的年轻学子更是警心绝响,令他们受益匪浅。

范仲淹两岁的时候,父亲就离开了人世。母亲为了维持生活,只好带着他改嫁。继父家里并不富裕,无力供他读书。范仲淹虽有向学之心,却无缘亲近书本。一直到了10岁,亲戚们怜惜他读书心切,便合力把他送到山上的一座寺庙里,住在和尚的僧房里读书。

范仲淹非常珍惜这次机会,学习上不敢有一丝一毫的松懈。

入冬了,山上的天气尤其寒冷。范仲淹无柴生火,只能裹紧单薄的衣衫,就着忽明忽暗的油灯,苦读至深夜。手脚麻了,就搓一搓,身上冻透了,就在室内跑一圈。寺庙的和尚把一切看在眼里,都打心眼儿里佩服他。

没钱买柴,更没钱买米,所以,范仲淹常常是饿着肚子听老师讲课。为了节省粮食,他每天抓两把米熬粥,粥熬好了,又要等到完全冷却,然后才把凝成一坨的粥切成四块,一顿饭吃两块。生活的清苦并没有冲淡范仲淹读书的热情,他反而变得更加勤勉刻苦了。

他有一个同学,很为他的精神所感动,便趁着回家的机会把他割粥苦读的事情讲给自己的父亲。那位父亲很佩服范仲淹,连声感叹说:"真是一个有志气的孩子!"

那位父亲特意准备了好吃的饭菜,让儿子带给范仲淹。谁知,范仲淹对这些饭菜看都不看,更不要说动筷去吃了。

同学问他:"家父听说你生活清苦,特别嘱咐我带了这些东西给你,几天过去了,你对这些美食不闻不问,是什么意思啊?"

范仲淹说:"得到你的帮助,我内心里是十分感激的。只是,这几年,我一直喝粥,已经形成习惯,如果一下子享受如此美味的饭菜,万一今后不能吃苦怎么办?"

同学听后非常感动。

这样过了差不多三年,在寺庙里寄宿读书所学到的知识已不能满足范仲淹的需求。他听人说,南京是一个人烟稠密的大都会,那儿的应天府书院是当时著名的四大书院之一,而且,名师云集,才子众多,是一个既可以求教于先生,又可以切磋于同窗的绝好的求学去处。于是,毅然辞别母亲,独自前往南京去了。

这一年,他才14岁。

范仲淹选择应天府书院,还有一个重要的原因,那就是,在这里学习是免费的,这对经济拮据的范仲淹来说,是求之不得的。

范仲淹在应天府书院学习了五年,常常是衣不解带,感觉想读的书还没读上多少,东方就已经露出鱼肚白了。有时,皇帝来书院视察,许多学子都去观看,只有范仲淹不为所动,一门心思都在学问上。

——因为,范仲淹心里知道,唯有读破万卷书,才能实现自己的梦想,在未来的广阔天地间施展自己的抱负。

逐梦箴言

勤能补拙,能守为韧。孔子是大智者,况是晚年,尚日日手不释卷;范仲淹时时苦学,仍不敢懈怠。由此可见,凡立功于天下者,都是那些抱定理想、坚持不懈的人。

知识链接

《周易》

也称《易经》简称《易》，是中国传统思想文化中自然哲学与伦理实践的根源，是中国最古老的筮术原著，对中国文化产生了巨大的影响。据说是由伏羲氏与周文王根据《河图》《洛书》演绎并加以总结概括而来（同时产生了易经八卦图），是华夏五千年智慧与文化的结晶，被誉为"群经之首，大道之源"。在古代是帝王之学，政治家、军事家、商家的必修之术。从本质上来讲，《周易》是一本占筮书。占筮就是对未来事态的发展进行预测，而《周易》便是总结这些预测的规律理论的书。

《岳阳楼记》

这是一篇为重修岳阳楼所写的记。由北宋文学家范仲淹应好友巴陵郡守滕子京之请，于北宋庆历六年（1046年）所作。其中"先天下之忧而忧，后天下之乐而乐"、"不以物喜，不以己悲" 是较为著名和被后人引用较多的句子。《岳阳楼记》能够成为传世名篇并非因为其对岳阳楼风景的描述，而是范仲淹借《岳阳楼记》一文抒发先忧后乐、忧国忧民的情怀。

范仲淹

我的未来不是梦

027

■ 少时读杂书，成就《红楼梦》

　　"我们家也算是读书人家，祖父手里也极爱藏书。先时人口多，姐妹兄弟也在一处，都怕看正经书。弟兄们也有爱诗的，也有爱词的。诸如这些《西厢》《琵琶》以及《元人百种》，无所不有。他们背着我们偷看，我们也背着他们偷看。"这是《红楼梦》第四十二回里宝钗对黛玉说的一番话，说的是藏书与读书。熟悉曹雪芹和曹家家事的人不难从中看出，小说里的话对应的是薛家，可实际上，是曹雪芹将少年时偷窥祖父藏书的趣事作为素材写进了自己的著作里。

　　曹家的祖上原是汉人，祖籍在东北辽阳一带。明朝末年，战乱不断，曹家被满人所房，成了皇室的家奴。后来，他们随清军入关，打仗中立了战功，由家奴变成了有功之臣，地位发生了变化。到了曹雪芹的曾祖一代，因为他的曾祖母做过康熙皇帝的奶妈，所以，康熙继位的第二年，就封曹雪芹的曾祖父曹玺做了江宁织造，并且可以一代接一代做下去。等到曹雪芹的祖父曹寅接任江宁织造的时候，曹家进入了鼎盛时期，康熙皇帝六次南巡，有四次就住在江宁织造府。

　　曹雪芹的祖父曹寅除了做官，还是一位著名的刻书家、藏书家。他一生所刻、所藏的书籍很多，并且有许多的珍本、秘本，所以，当时的学士都很钦佩他。他在学士当中的影响力很大。曹寅留下的这些书籍，后来一直伴随着曹雪芹；曹雪芹在其中汲取了丰富的营养，为他以后的创作奠定了深厚的基础。可以说，曹雪芹小时候最幸福的事情，就是翻阅祖父所珍藏的书籍。

曹雪芹生在"锦衣玉食"之家,家教十分之严。开蒙之后,祖父所藏的那些"有趣"的书都被锁进一个偏僻的小屋里,原因是大人们怕他们看到这些野史杂书,会影响他们专心啃读"四书"、"五经",从而荒废功名。

但是,曹雪芹的心思却好像都在这些"闲书"上。

心有所驰,意有所往。有一次,他看见一只大花猫从天窗跳进锁书的小屋里,便灵机一动,学着花猫的样子,从天窗翻入这片家长们画下的"禁地"。借着昏暗的光亮,曹雪芹看到了一架架的书,那些书整整齐齐地排列着,似乎早就等待这位不速之客的到来。

曹雪芹拿起一本《西游记》,很快就被书中引人入胜的情节迷住了。他坐到窗口,借着微弱的光亮,一页一页地翻看,嘴角不时露出会心的微笑。不只不觉中,一天过去了,他一个人沉浸在阅读的世界里,却不知丫鬟小厮们正乱做一团地四处寻找他。

在家里是如此,到外边也是一样,如果有机会去街上玩耍,他一准儿会跑到小地摊前,蹲在那里不肯离去。小摊上的书更奇更杂,什么牛郎织女天河配呀,什么八仙过海各显神通啊,每一个故事他都看得如痴如醉,天色晚了,也不愿意回家。陪同他出来的丫鬟没办法,只好偷偷地买一本给他,哄着他回到家里去偷偷地看。

曹雪芹13岁这一年,曹家办事出了差错,惹怒了雍正皇帝。皇帝连下两道圣旨革了曹家的职,还下令查抄了曹府。"陋室空堂,当年笏满床,草草枯杨,曾为歌舞场。"曹家败落了,江南住不了了,便举家迁到了北京。

经此事变,曹雪芹多少懂了一些事,但是,他仍然不喜那些古板的教条和封建的礼教,一心向往自由的生活,除了家里规定的八股文章,他读的最多的还是那些"杂书"。在京城,他祖姑丈的府上有一个名满天下的藏书阁——"谦益堂",这个藏书阁里的书一点不比祖父的藏书少,甚至比他还多,所以,到了北京不久,曹雪芹就已经是"谦益堂"的常客了。

初入"谦益堂",曹雪芹就被它的气势彻底征服了,高大的紫檀书架,直抵房梁，上边一排一排地摆放着各种各样的书籍，有的装匣入函，有的锦囊玉轴，令人目不暇接，眼花缭乱。曹雪芹跟在管理藏书阁的先生身后，惊讶地张大嘴巴。

他想：都说纳兰性德家的"通志堂"是京城第一藏书阁，若论其精，若品其雅，恐怕也难与祖姑丈的"谦益堂"相比吧！

得到祖姑丈的许可，"谦益堂"成了曹雪芹的读书之所。他隔三岔五地来此借书，读毕按约定时间送还，他读过的书，不折不损，看上去和新的一样。管理书阁的先生非常喜欢他，总夸他是一个聪明好学的好孩子。为了节省时间，先生常把书阁的好书找给曹雪芹，让他以最便捷的途径接触到最优秀的读物。

有时，曹雪芹为了读书，茶饭不思，彻夜吟诵，神采飞扬，眉飞色舞，整个人像得了魔怔一般。几年的时间，"谦益堂"的诗、词、小说、戏曲几乎被他看遍了，在他看来，"四书""五经"固有道理，但若讲人情世故，还是这些常人眼里的"杂书"更能教化人心，尽释悲欢。

曹雪芹的一生经历了曹家盛极而衰的过程，富贵有之，贫病有之，家庭的惨变，不仅给予他心灵上的创伤，更让他有了思想上的巨变，对比自己所读的"杂书"，种种情境，历历在目，他对社会上的黑暗和罪恶认识得更全面、更深刻、更透彻。这一切，为最终历时10年而倾尽心血创作不朽名著《红楼梦》奠定了坚实的基础。

"满纸荒唐言，一把辛酸泪！都云作者痴，谁解其中味？"

——面对大师的慨叹，我们又将有着怎样的彻悟？红楼有梦非是梦，只是惊醒梦中人！

逐梦箴言

世界上许许多多大作家都是这样，把读书视为自己的必修课。他们的切身感受，并由这些心得和感受所发出的"名人名言"，其本身就是对我们的励志。高尔基说："我读的书越多，就愈亲近世界，愈明了生活的意义，愈觉得生活重要。"雨果说："读一本好书，就是和许多高尚的人谈话。"其意义莫不如此。

知识链接

江宁织造

明、清两朝都在南京设局织造宫廷所需丝织品。明由提督织造太监主管。清初仍旧。顺治时曾由户部差人管理，后归宦官之十三衙门，每年派人。康熙二年，改由内务府派员担任，初称"驻剳江南织造郎中"，后改为"江宁织造郎中"（或员外郎）。曹玺为首任郎中。其子曹寅，其孙曹颙、曹𫖮亦任此职，至雍正五年曹𫖮罢官止，前后六十余年，不由曹氏任职的时间，不过六年。曹氏三世在官时，常以密折报告各处情况，实为康熙帝的耳目。其地位仅次于两江总督，更受皇帝的信任，所以权势显赫。在清朝，南京地区的丝织业有着优秀的传统，当时仅南京市区就拥有织机 3 万多台，男女工人 5 万左右，依靠丝织业为生的居民达 20 多万人，年产值达白银 1200 万两。当时，江宁织造府的丝绸产品只供皇帝和亲王大臣使用。

纳兰性德

字容若，号楞伽山人，是清代最为著名的词人之一。他的诗词不但在清代词坛享有很高的声誉，在整个中国文学史上，也以"纳兰词"在词坛占有光采夺目的一席之地。他生活于满汉融合的时期，其贵族家庭之兴衰具有关联于王朝国事的典型性。他虽侍从帝王，却向往平淡的经历。这一特殊的生活环境与背景,加之他个人的超绝才华,使其诗词的创作呈现独特的个性特征和鲜明的艺术风格。流传至今的"人生若只如初见,何事秋风悲画扇?等闲变却故人心,却道故人心易变"这一富于意境的佳作,是其众多的代表作之一。

■ 你不是一个渺小的人

邮递员的铃声把契诃夫从沉思中唤醒。他如同往常一样,稳步走到门口,从邮递员的手里接过厚厚的一沓来信。在这些信中,有一封是他的弟弟米沙写来的。他向哥哥通报了自己的近况,也诉说了一些生活上的苦恼,最后,十分沮丧地署上自己的名字,称自己是"你渺小无闻的弟弟"。

契诃夫感到心头一震。

契诃夫是一个自我教育成才的典范,平时十分注重人自身的尊严,他不能容忍弟弟的"自我低贱",立刻提笔在回信上写道:"你为什么自称是你渺小无闻的弟弟?你承认自己渺小吗?在人们当中需要自己的尊严。你又不是个骗子,你是一个真正的人,对吧?那就尊敬自己是个正直的人吧,要知道正直的人并不是渺小的。不要把谦虚和妄自菲薄混为一谈。"

契诃夫在告诫自己的弟弟:你不是一个渺小的人!

1860 年 1 月 17 日,契诃夫出生于俄罗斯塔甘罗格一个小商人的家庭,他是家中的第三个男孩儿,家人给他起的名字是安东·巴普洛维奇·契诃夫。关于自己的童年,契诃夫的总结是:"挨打,受骂,守店铺,送货,夜里被吵得睡不好觉……这就是小杂货店老板儿子的生活。"

在某种程度上讲,契诃夫对自己的父亲感情是复杂的,他怕他,有时也恨他,为他的所作所为感到羞愧,但他无力改变这些,只能把这种无奈深藏在心底。

有一次,一位女顾客怒气冲冲地推开杂货铺的门,把一块火腿放在柜台上,她对父亲说,自己刚刚买了火腿,回家一称却发现分量少了许多。契诃夫是相信那位太太的话的,因为他刚才亲眼看到父亲的两个小伙计在称火腿的时候,悄悄地按了一下摆砝码的秤盘。

他希望父亲纠正这个错误,但父亲的回答令她吃惊。

父亲说:"太太,我们这儿一向买卖公平,分量是绝对不会出错的。"他看了一眼那位太太,又说,"一定是您家的秤有什么问题,要不然……就是您自己切掉了一块。"

那位太太一听,顿时火冒三丈。两个人在店里吵了起来,各种污言秽语塞满契诃夫的耳朵,让他无地自容。这是一幕丑剧,契诃夫又气愤又着急,他暗自垂泪,盼望自己快一点长大。

成名之后,契诃夫给人的第一印象是,所有和他"有过密切交往的人都会说到他身上有某种像水晶一样经久不变的冷漠",毋庸置疑,他的这种冷漠来自社会现实,来自他对下层民众的同情,来自他的思辨和思考,同时,也来自他童年和少年的经历。

在他的记忆中,他小的时候总是挨打受骂。父亲的理论很简单:"我也是被这样打出来的,你看我现在不是当上店老板啦!小孩子哪有不挨打的,一个挨过打的孩子抵得上两个没挨过打的小孩儿。今天打他,日后他会感激你的。"

父亲清规戒律极多:不许跑来跑去,因为会破坏鞋子;不许玩耍,因为只有不三不四的孩子才贪玩;不许和别的孩子在一起,因为他们会教你学坏;不许……

不但如此,父亲还会逼迫契诃夫去学习站柜台。

"让你锻炼锻炼没有什么不好,总胜过你去街上和那些野孩子胡闹。"父亲说。

一个冬天的夜晚,天气十分寒冷,契诃夫正在写作业,父亲突然来到他的面前。听到父亲的脚步声,契诃夫的心头就打鼓:这个时候父亲来找自己,又有什么样的厄运会降临到自己身上。

"我出去办点事,你去店里看柜台吧!记住,不能出半点差错!"父亲严厉地说。

"我在写作业。再说,店里太冷了……"

"作业在店里一样可以写。冷?多穿一点就行了。"

契诃夫不敢再与父亲争辩,只好夹着书本,跟在父亲的身后出门了。他知道,在店里是无法写作业的,不要说冷得伸不出手,就是伙计们嘁嘁喳喳的说笑声,也难以让他的思维有片刻的安宁。

就是在这样的一种压抑的气氛中,契诃夫长到了 16 岁。父亲的杂货铺破产了。为了躲避债务,他带着一家人逃往莫斯科,去投奔在那里读书的两个儿子。契诃夫一个人留在了家乡,孤独和贫穷像一对孪生兄弟一样陪伴着他。他曾去过一次莫斯科,去探望自己的家人,那是怎样的境况呢?父亲开始酗酒,乱发脾气;母亲两鬓迅速变得斑白;小妹妹变成了灰姑娘;不到 12 岁的弟弟米沙,已经开始四处奔波,寻找活计养家了……

契诃夫明白,自己不能再指望父亲的学费,也不能再期待母亲的早餐,一切的一切都需要靠自己去努力,他必须用自己的双手解决自己甚至家里的困难。

回到故乡,契诃夫一边继续自己的中学课程的学习,一边努力寻找机会自力更生。他联系了几份家教,赚取微薄的工资,用以自己的生活和学费。每天放学之后,他都马不停蹄地奔跑,从一个学生家到另一个学生家,有的时候,连喝一杯渴望中的热茶的机会都没有。

契诃夫没有屈服于生活的压力,坚强地挺进在布满荆棘的小路上。

除了上学和做家庭教师外,契诃夫把自己所有的时间都安排在了图书馆里。他常常一整天一整天地坐在椅子上,忘了吃饭和休息,一心扑在那些让他乐而忘疲的文学作品上,普希金、托尔斯泰、塞万提斯,一个个文学大师从他面前走过,面带微笑地点燃了他心底的那盏明灯。

契诃夫尝试着写作。他暗暗告诉自己:你不是一个渺小的人。希望就在不远的地方等着你!

由多幕剧《没有父亲的人》开始,在短短的几年里,契诃夫创作发表了《给有学问的邻居的信》《他明白》,一直到《外科医生》《死尸》《文官考试》《哀伤》《在法庭上》《赛琳》《逃亡者》，契诃夫逐步走上了文坛。这期间，他顺利地中学毕业，成为莫斯科医科大学的学生。有了三年独立生活经历的他，不会再惊慌失措或者无故抱怨，他只学会了一句咒语：改变！

你不是一个渺小的人。一切都可以改变！

逐梦箴言

心怀梦想的人，都有一颗勇敢的心。他们坚持自己，尊重自己，从不看低自己——这不是盲目的自大，而是对自己毅力和决心的自信！

知识链接

契诃夫的艺术成就

契诃夫是俄国小说家、戏剧家、19世纪末期俄国批判现实主义作家、短篇小说艺术大师，与法国的莫泊桑，美国的欧·亨利齐名的世界三大短篇小说巨匠。他的小说短小精悍，简练朴素，结构紧凑，情节生动，笔调幽默，语言明快，极富音乐节奏感，寓意深刻。他善于从日常生活中发现具有典型意义的人和事，通过幽默可笑的情节进行艺术概括，塑造出完整的典型形象，以小见大，以此来反映当时的俄国社会。其代表作《变色龙》《套中人》堪称俄国文学史上精湛而完美的艺术珍品。前者成为见风使舵、善于变相、投机钻营者的代名词；后者成为因循守旧、畏首畏尾、害怕变革者的符号象征。契诃夫创造了一种风格独特、言简意赅、艺术精湛的抒情心理小说。他截取片段平凡的日常生活，凭借精巧的艺术细节对生活和人物作真实描绘和刻画，从中展示重要的社会内容。这种小说抒情气味浓郁，抒发他对丑恶现实的不满和对美好未来的向往，把褒扬和贬抑、欢悦和痛苦之情融化在作品的形象体系之中。他认为："天才的姊妹是简练"，"写作的本领就是把写得差的地方删去的本领"。他提倡"客观地"叙述，说"越是客观给人的印象就越深"。他信任读者的想象和理解能力，主张让读者自己从形象体系中琢磨作品的涵义。

契诃夫

● 智慧心语 ●

1.走自己的路，让别人去说吧！

——但丁

2.敏而好学，不耻下问，是为之"文"也。

——孔子

3.家贫志不移，贪读如饥渴。

——范仲淹

4.才自清高志自高。

——曹雪芹

5.确实没有必要把美丽的衣装罩在自己的身上，因为我在写作。

——杜拉斯

6.人在智慧上应该是明豁的，在道德上应该是清白的，在身体上应该是洁净的。

——契诃夫

第三章

那一滴滴汗水穿成的项链

○导读○

　　福布斯说：要想成功，必备四种品质。其中最重要的一种是"真诚执着"。所谓"真诚"，是对自己所选事业的坦荡面对；所谓"执着"，是对自己的梦想的坚持不懈的努力。作家也是一样，你想成功吗？那就低下头，一丝不苟地面对你的文字和作品。

福布斯

■ 我将粉碎一切

站在巴黎的濛濛细雨中，面对着成千上万张哀伤的面孔，文学巨人雨果慷慨而坚定地说："在最伟大的人物中间，巴尔扎克是名列前茅者；在最优秀的人物中间，巴尔扎克是佼佼者。"

这声音在巴黎上空回荡，并穿过历史长长的隧道，响彻在一代又一代人的耳畔。

1799 年 5 月 20 日，巴尔扎克出生在法国杜尔市意大利军街。他的父亲是一个暴发户，性格活跃，喜欢冒险；他的母亲是银行家的女儿，因为不满意自己的婚姻，原本抑郁的性格变得更加怪诞。他们并不喜欢这个儿子，所以，不待满月，就把他送到一个宪兵的妻子那里寄养。

在巴尔扎克的记忆里，母亲没有抱过自己。

5 岁，巴尔扎克被送到寄宿学校读书。坏脾气的母亲只允许他周日的时候回家与父母弟妹小聚。在这个富庶的家庭里，巴尔扎克更像他们的远房穷亲戚，每次出现都不可避免地带着乞怜的神情。

从一所寄宿学校，到另一所寄宿学校，僧侣似的教育使巴尔扎克时时处在一种莫名的紧张状态。若不是书籍的拯救，鞭挞和体罚恐怕早就吞噬了少年的梦想、自由、快乐。少年巴尔扎克的学习成绩极差，但广泛的阅读，却极大地丰富了他的思想。关于他的成绩，几乎可以让他的母亲绝望，但令人难以置信的是，巴尔扎克不但顺利毕业，而且考上了巴黎索尔本大学的法学院。

1819年,巴尔扎克大学毕业。他没有像父亲所期待的那样去当律师,而是郑重其事地向家人宣布,他要当作家。气愤至极的父亲摆动着双拳,发誓他会成为一头不撞南墙不回头的蠢驴,而精明的母亲则采取了更为直接的行动,逼迫巴尔扎克临渊止步,悬崖勒马。母亲为了使他能早点从梦中清醒,在巴黎的贫民窟给他租了一个阁楼,希望这间四处漏风、破败不堪的房子,可以打消儿子的"疯狂野心"。

但是,巴尔扎克住下了,而且,一住就是三年。

他的朋友如此形容这间阁楼——"里面有一把没有底座的椅子、一张摇摇晃晃的桌子和一张很不像样的木板床,床的周围挂着两块半开着的脏帘子。桌子上有个墨水台,一个涂得满满的大笔记本,一壶柠檬汁,一个玻璃杯,一块面包。这间阴暗的小屋子闷得令人窒息,还有一股恶臭。"

巴尔扎克则激励自己说:"我是以骄傲的心情来忍受我的清贫生活的。"

他还说:"我爱我的牢房,它是我自愿坐的监狱。"

三年里,巴尔扎克疯狂地工作着,每天6万字,一刻也不肯停歇。他写了几十部作品,但都被专家否定了。因为事先与父亲有约定,他不得不作出选择:要么听从父亲的安排,要么放弃家庭的资助,去过流浪汉的生活。

他能选择什么呢?

他相信,一个人的成功往往取决于信心和努力。

巴尔扎克没有改变梦想,虽然,这中间走了一段弯路——为了生计,他不得不"开创"自己的"事业",和一个出版商合伙开办一个印刷厂。他印了不少书,但这些书没有给他创造利润,反而令他欠下了6万法郎的债务。

1729年,巴尔扎克30岁了,他又回归到自己梦想的起点,又过起了监狱似的生活。在巴黎城郊,他找到了一个安静而隐蔽的写作场所。他坐在桌子前,握紧了手中的笔。他的面前是一尊拿破仑像,旁边是他送给自己的名言:"我要用笔完成拿破仑用剑未能完成的事业。"

巴尔扎克的作息时间变成了这样——

他每天工作十几个小时，"晚上六七点上床，像母鸡一样循规蹈矩；半夜一点，我起来，一直工作到早晨八点；再睡一个半小时，简单吃点东西，外加一杯浓咖啡。然后，我就像一匹马套上马车一样，一直拉到下午四点；这以后，我洗个澡，接待来访，或出门走走，吃过晚饭，便上床。"

他沉浸在自己的小说里——

他出门散步，在门口遇见朋友，朋友问他去哪里，他随口答道："我要上阿隆松，上戈乐蒙小姐和见奈西先生居住的格伦诺布尔城去。"他停留在自己虚幻的世界里，"你猜猜，费列士·德特内斯娶的是谁？一位葛伦维尔家的小姐啊。他这门亲事结得很不差；葛伦维尔是很有钱的人家，尽管给贝尔乐俘伊小姐挥霍了不少。"

实际上，他口中的人名、地名完全是他小说中的人名和地名。难怪他的那位朋友丈二和尚——摸不着头脑。

巴尔扎克无疑是一个勤奋的大师。但他一生，包括他成名之后，穷困一直包围着他，他爱幻想，除了写作的本能，更大的原因是他想通过幻想来摆脱苦闷与忧伤。

在幻想中，巴尔扎克的面前站着他的热心读者，一个慷慨的富翁。那富翁说："你要多少钱？请站起来，向前走，打开我的钱柜尽情地拿吧！用我的钱去还清你的债务，摆脱那令人伤心的束缚吧！我要拯救你，伟大的人物……"

巴尔扎克立刻从凳子上跳起来，兴奋得又唱又跳，他伸手去拉钱柜的门，可是，他所触摸到的，只有冰冷的墙壁。他自嘲地笑了笑，然后快步回到书桌前，更投入地埋头写作。

巴尔扎克总感觉自己的时间不够用——

他经常埋怨他的仆人，甚至大发脾气，在他的嘴里，出现频率最高的句子是："你为什么不叫醒我？！"

和朋友们在一起的时候也一样。大家凑到一起聊天，兴致正浓，刚才还口若悬河的巴尔扎克像被神灵猛击了一掌一样，突然中断了话头，恶狠狠地咒骂起来："你这个荒唐鬼！二流子！该死的家伙！你竟有脸在这儿胡说八道！"紧接着，他跳起身，对大家说，"对不起各位了，我该去抄我的小说了，实际上，我早该去抄我的小说了，你们接着聊吧。"

朋友们终于松了一口气，原来，他刚才的咒骂只针对他自己。

在短短的 20 年内，巴尔扎克每年都要写四五部作品，他的《赛查·皮罗多盛衰记》是 25 个小时写完的；《乡村医生》用了 72 小时；而长达几十万字的《高老头》只用了三天。

为了保证写作时清醒，他嗜浓咖啡为命，浓咖啡膨胀了他的斗志，同时，也严重损害了他的身体。到 1848 年的 1 月，他的健康每况愈下，脑炎、慢性心脏病、支气管炎都找上了他。他的生命步入了衰竭期。他要医生延长他的生命，他想再完成一部作品。但医生束手无策，甚至老护士都对他的老朋友雨果说："他将在黎明左右断气。"

1850 年 8 月 18 日夜，伟大的天才作家巴尔扎克离开了人间，法国的天空一片黑暗。文坛上的一颗巨星陨落了，"这个小丑"没有惊动任何一个人。

除了他的早逝，我们对他的贡献无可挑剔！

他的手杖上永远镌刻了那行字：我将粉碎一切！他粉碎了虚伪、狡诈、冷漠和欺骗，"他进入坟墓，但也进入了荣誉境界，他将断续在漂浮我们头顶的云层上面，在我们祖国的众星中间闪耀光芒……"

逐梦箴言

只要你坚持，一切都可以粉碎，包括饥饿、寒冷，包括灰心、失望，包括谩骂、嘲笑，甚至包括疾病、死亡。只要你坚持，一切都可以实现，光荣与梦想，未来与希望，胜利与成功，甚至不朽与永恒！

人间喜剧

巴尔扎克的多卷本巨著。是他以毕生精力完成的光辉创作群，堪称是人类精神文明的奇迹。他以清醒的现实主义笔触，再现了法国 1816－1848 年，也就是"王政复辟"到七月王朝期间广阔的社会图景，被恩格斯誉为"一部法国社会，特别是巴黎上流社会的卓越的现实主义历史。"《人间喜剧》包括 91 部小说，采取了分类整理和人物再现的方法，将它组合成有机的整体，全面反映 19 世纪法国的社会生活和社会风俗。这些小说中最著名的是《欧也妮·葛朗台》和《高老头》。

雨果在巴尔扎克葬礼上的演讲（片段）

巴尔扎克先生属于 19 世纪以来在拿破仑之后的强有力的作家一代，正如 17 世纪一群显赫的作家，涌现在黎希留之后一样，就像文化发展中，出现了一种规律，促使精神统治者承继了武力统治者一样。

在最伟大的人物中间，巴尔扎克是名列前茅者；在最优秀的人物中间，巴尔扎克是佼佼者。他的理智是壮丽的、独特的，成就不是眼下说得尽的。他的全部书仅仅形成了一本书：一本有生命的、有光亮的、深刻的书，我们在这里看见我们的整个现代文化走动、来去，带着我说不清楚的、和现实打成一片的惊惶与恐怖的感觉。一部了不起的书，他题作喜剧，其实就是题作历史也没有什么，这里有一切形式与一切风格，超过塔席特，上溯到徐艾陶诺，经过博马舍，上溯到拉伯雷；一部又是观察又是想象的书，这里有大量的真实、亲切、家常、琐碎、粗鄙，但是骤然之间就是现实的帷幕撕开了，留下一条宽缝，立时露出最阴沉和最悲壮的理想。

……

他的一生是短促的，然而也是饱满的，作品比岁月还多。

唉！强有力的、永不疲倦的工作者，这哲学家，这思想家，这诗人，这天才，在我们中间，过着暴风雨的生活，充满了斗争、争吵、战斗、一切伟大人物在每一个时代遭逢的生活。今天,他安息了。他走出了愤怒与仇恨。他在同一天步入了光荣,也步入坟墓。从今以后,他和祖国的星星在一起,熠耀于我们上空的云层之上。

……

巴尔扎克

谁的早晨从中午开始

路遥说："在我的创作生活中,几乎没有真正的早晨。我的早晨是从中午开始的⋯⋯通常情况下,我都是在凌晨两点到三点入睡,有时甚至延伸到四点五点。天亮以后才睡觉的现象也时有发生。"

起来后是吸烟。

然后用热水烫脸。

紧接着喝一杯浓咖啡。

午饭后,开始工作,直到晚饭;晚饭后,看新闻联播,看报纸,会客。等别人安睡了,他的工作又开始了。"第二天午间醒来,就又是一个新的早晨了。"

在路遥短短二十年的创作生涯中,这几乎成了他一成不变的作息时间。

他把自己的生命和创作紧紧地联系在一起。

《平凡的世界》以其恢弘的气势和史诗般的品格,表现了改革时代中国城乡的社会生活和人们思想情感的巨大变迁。路遥也因此荣获了中国长篇小说最高奖——茅盾文学奖。

这不仅是路遥个人创作的巅峰,同时,也是中国文学史的一道不可取代的峰岚。

这篇小说从准备到创作完成,整整用了六年的时间。

用路遥的话说,"劳动,这是作家义无反顾的唯一选择。"

1982年，路遥创作并发表了13万字的中篇小说《人生》，引发热评，后被改编为电影，更是轰动全国。这部小说的成功，改变并打乱了路遥的生活。他摆脱了"默默无闻"，几乎与此同时也感受了"为名所累"，经过非常短暂的思考，他"真诚地说，我绝不可能在这种过分戏剧化的生活中长期满足。"

他渴望重新投入一种沉重。

他感到，只有在无比沉重的劳动中，才会活得更为充实。

他决定要写一部规模更大的书！

于是，有了平凡而伟大的跋涉。

"作品的框架已经确定：三部，六卷，一百万字。……我决定要用现实主义手法结构这部规模庞大的作品。当然，我要在前面大师们的伟大实践和我自己已有的那点微不足道的经验的基础上力图有现代意义的表现——现实主义照样有广阔的革新前景。……毫无疑问，这又是一次挑战，是个人向群体挑战。"

路遥开始准备。

他要重新阅读经典，并从经典中找出自己可以把握的"鸿篇巨制"的规律。他列了一个近百部的长篇小说阅读计划，并通过各种方式力争完成。事实证明，他完成了这个计划的十之八九，并真的从阅读中获得了"涅槃"之后的光明。

除此之外，他还读一些专门的著作，关于农业、商业、工业、科技……甚至还搜罗各种小册子——养鱼、养蜂、施肥、税务、财务、气象、立法、造林、土壤改造、风俗、民俗、不明飞行物……他像一个书虫，一片一片地啃嚼自己所需的各种营养。

无论是赤日炎炎的盛夏，还是冰封雪冻的严冬，他不分昼夜地泡在书中，精神状态像一个备考的高中生。桌上、椅上、窗上、几上，甚至厕所的马桶盖上，处处是书，处处是字。他是一个遨游者，身心都承受着巨大的压力。

由于为自己的"大书"设定的背景是1975~1985年的十年间，所以，他要求自己对这段时间内的各种事件,各行业的发展,平民百姓的反应,日常生活的变迁都要有所了解、掌握,以便在创作过程中游刃有余,不至于为某种没有细节支持的叙述而"卡壳"。这是一项多么枯燥而艰苦的工作啊,但他必须认真面对!他找来十年间的《人民日报》、《光明日报》,还找来一种省报,一种地区报和《参考消息》的全部合订本,在堆积的书、报、刊的山中穿插行走,日夜不停。

"工作量巨大,中间几乎成了一种奴隶般的机械性劳动。眼角糊着眼屎,手指头被纸张磨得露出毛细血管,搁在纸上,如同搁在刀刃上,只好改用手的后掌翻阅。"

他用了几个月的时间,才把这项工作完成。

书读了,报纸翻了,路遥还要到生活中去实际踏察——蹲在一个地方不能达到目的,他要走遍四乡。

乡村城镇,工矿企业,学校机关,集贸市场;国营、集体、个体;上至省委书记下至平民百姓,他都一一接触,在交谈中、访问中、共同生活中获得最鲜活的第一手资料。

他走访着,记录着。作品所涉及的地域环境中的所有农作物和野生植物;从播种到收割的全过程;这一种作物或植物开花,其他作物、植物是什么状态;这种作物播种,那种作物如何;全境内的家养和野生的飞禽走兽;民俗民风,婚丧嫁娶……所有种种,事无巨细。四季变换,时光荏苒,积累在增加,收获越来越变得丰盈。

这种准备工作整整做了三年!

路遥要动笔了,他像一部蓄满油的机器,准备开动马达,向目标冲击!

他决定到一个偏远的煤矿去开始第一部初稿的写作。因为第三部中要涉及煤矿生活,所以,他要更直接地搜集素材,更直接地感受煤矿的种种情况。另外,他抱定吃苦牺牲精神,不想一开始工作,就找一个舒适的环境。煤矿条件差一些,这和他的精神要求是一致的。

正是秋风萧瑟的时节,路遥带着两大箱资料和书籍,带着主要的"干粮"——十几条香烟和两罐"雀巢"咖啡上路了。

他的要求很简单，一张桌子，一张床，一个小柜子。

虽然矿上的领导和周围的亲戚对他很照顾，但是，矿山的生活条件依然是艰苦的。地处深山，每遇大雪，必须要空投面粉。没有蔬菜，没有鸡蛋，想吃点豆腐也不容易。路遥的三餐几乎都是馒头、米汤、咸菜。中午是第一顿，晚上第二顿，凌晨第三顿，余下的时间，大部分在工作，他给自己限制了死任务，每天不完成任务不上床休息。

胡子长了，人瘦了，工作进度却红线飙升。

一个人在矿山，最怕过周末，住所的人都回家去了，空荡荡的走廊里寂寂无声。置身窗前，看万家灯火，巨大的孤独感渐渐袭来。有时，夜半更深，远处传来火车的鸣叫，一时恍惚，竟披衣出门，在寒风中直奔所谓的火车站。他以为自己是来接人的，可是，哪里有人，除了黑黢黢的煤堆，再什么也没有了。

只身回到住处，面颊划过一行清泪。

多少个日日夜夜啊，第一部终于杀青。路遥的内心是激动的，他默默地对自己说："虽然就全书的工作量来说，它只是六分之一(每部两稿)，但这是迄今为止所进行的最长一次远征，现在，终于在这个地方结束了一个段落。"

经过短暂的休整，他又到黄土高原腹地的一个十分偏僻的小县城去开始第二部的写作。条件并无改善，行进的速度并无减缓；接着是第三部……

通过六年的奔跑，撞线的时刻终于来临了。在为书稿画上最后一个句号后，"几乎不是思维的支配，而是不知出于一种什么原因，我从桌前站起来所做的第一件事，就是把手中的那只圆珠笔从窗户扔出去。我来到卫生间用热水洗了洗脸。几年来，我第一次认真的在镜子里看了看自己。我看见了一张陌生的脸。两鬓竟然有了那么多的白发，整个脸苍老得像个老人，皱纹横七竖八，而且憔悴不堪。"

镜子里的路遥，已是泪流满面！

他内心所希翼的，不是就此停止，而是再一次庄严地投入劳动。

那么，早晨依然从中午开始！

逐梦箴言

选择奋斗的同时，我们不可避免地选择了艰辛。真正的勇士所直面的正是重重困难所设置的重重阻碍。他们大步向前，劈荆斩棘，用实际行动告诉世人——所谓的阻碍，只是一道道虚掩的门！

知识链接

茅盾文学奖

我国最高荣誉的文学奖之一，是著名作家茅盾先生将自己的 25 万元稿费捐献出来设立的奖掖优秀长篇小说的文学奖，在中国文坛的影响较大。茅盾文学奖由中国作家协会主办，1981 年设立，从 1982 年起每四年评选一次。此奖项遵循文艺"为人民服务，为社会主义服务"的方向，贯彻"百花齐放，百家争鸣"的方针，弘扬主旋律，提倡多样化，鼓励关注现实生活，体现时代精神，坚持导向性、权威性、公正性，旨在推出和褒奖长篇小说作家和作品，推动我国文学繁荣。

《平凡的世界》

中国著名作家路遥创作的一部百万字的长篇巨著。这是一部全景式地表现中国当代城乡社会生活的长篇小说，全书共三部。作者在中国 70 年代中期到 80 年代中期近十年间的广阔背景上，通过复杂的矛盾纠葛，以孙少安和孙少平两兄弟为中心，刻画了当时社会各阶层众多普通人的形象；劳动与爱情、挫折与追求、痛苦与欢乐、日常生活与巨大社会冲突纷繁地交织在一起，深刻地展示了普通人在大时代历史进程中所走过的艰难曲折的道路；读来令人荡气回肠，不忍释卷；被誉为"茅盾文学奖皇冠上的明珠，激励千万青年的不朽经典"。

我的未来不是梦

■ 他在走向人民

通过一个小细节，我们可以更加直观地更加深刻地了解托尔斯泰。

托尔斯泰最后一部作品是随笔集《乡居三日》。在这个集子里，有一篇叫《梦》的文章，他先后改写了二十几次。作家一如既往地带着苛求的眼光看待自己的文字，不容它们出现一点瑕疵。尽管有人说，托尔斯泰的作品有些"絮叨"，但是，作家的自我修改，终归让所谓的"絮叨"变得更为动人而精致。

谁能抵挡托尔斯泰的诱惑呢！

或者说，你想成为一个作家，断不能无视对这位世界级的文学巨匠的朝拜之礼。托尔斯泰是严谨的，他追求完美，甘于陷入痛苦的思想挣扎之中。他一生都在追求真理与光明，追求善与美，在作家这个特殊的群体中，始终把自己的思想、行动和作品紧密地联系在一起。这个人就是托尔斯泰。

他从 12 岁开始记日记，一生未辍。

这不是一般的毅力可以坚持和完成的。

早在 19 岁时，从喀山大学退学回家的托尔斯泰，就给自己订下了"生活准则"，在这个"准则"中，除了学习外语——包括法、德、意、英、拉丁，历史、地理、统计学、数学、博物学、音乐、绘画，经济——理论的、实用的，医学——实用部分和理论以外，还有——"永远说实话"；

"要有生活目标；一辈子的目标，一段时期的目标，一个阶段的目标，一年的目标，一个月的目标，一个星期的目标，一天的目标，一个小时的目标，一分钟的目标，还得为大目标牺牲小目标"；

"要尽可能做一个对祖国有用的人"；

"要做个好人，并且力求让谁也不知道你是个好人。"

托尔斯泰所努力遵循的这些准则，帮助他克服了那些与生俱来的耳濡目染给他造成的贵族阶级的不良习惯、兴趣与爱好。从这个时候起，他就努力培养自己对劳动的热爱，锻炼自己的意志，养成坚定、顽强的品格。

我们一同来看一看托尔斯泰的创作简历便可知晓。

1852年9月，托尔斯泰的处女作《童年》在《现代人》杂志发表。该杂志的主编涅克拉索夫对托尔斯泰和他的作品给予高度评价，认为《童年》的思想倾向和故事内容的质朴与真实，是俄国文学中前所未有的。

1853年4月，小说《少年》也在《现代人》杂志上发表了。这部作品所引起的反响更大，很多评论家称赞他具有"进行细腻心理分析的卓越才能"。文学大师屠格涅夫则说，他"是果戈里的继承者，但又是一位具有独创精神的继承者。"

——《童年》和《少年》等作品是托尔斯泰青年时代思想探索的总结，反映了他对贵族生活的批判态度。他提出了"道德自我修养"的主张，人生追求渐渐觉醒！

1853年10月，俄国和英、法、土耳其之间为了争夺殖民地，爆发了战争。一年以后，战事由多瑙河流域集中到克里米亚半岛，并进入决战阶段。此时正在参军的托尔斯泰，勇敢地投入了战斗。英法联军依仗先进的军事技术猛攻塞瓦斯托波尔，俄军的处境十分困难。托尔斯泰时任一个炮兵连的连长，他的位置在最危险、距离敌人最近的第四陵堡。在激烈的战斗中，托尔斯泰指挥五门大炮，浴血反击，给敌军以重创。但是，苦守了11个月后，俄军终因不抵英法联军，被迫放弃塞瓦斯托波尔。城市在燃烧，法国人的旗帜在陵堡上飘飞，托尔斯泰再也控制不住内心的悲痛，放声大哭起来。

让托尔斯泰不能忘怀的是，在战争进行的过程中，他亲眼看到俄国士兵们满怀爱国激情，壮烈地献出宝贵的生命；也看到那些更加勇敢的妇女，为了慰劳和救护自己的战士，而惨死在敌人的枪炮之下。当然，他也看到了那些为了升官发财的军官们的卑鄙伎俩，他们耍弄着各种手腕，弃国家和民族的利益于脑后。

托尔斯泰要把这些写下来，全部写下来，他要告诉俄罗斯人民，他们是伟大的、不可遏止的力量，他们可以决定和改变历史！

托尔斯泰要创作他的第一部长篇小说《战争与和平》。

他要"努力写人民的历史"。

在这部小说里，我们可以看到，法国皇帝拿破仑为了和英、俄等国家争夺欧洲的财富和土地，无度地发动战争，他带领远征军，一直打到了莫斯科城，把这座有着悠久历史的名城变成火海和废墟。起初，俄国人民和军队不知道为什么打仗，所以节节败退；当他们退无可退的时候，他们体内弥足珍贵的东西被激发出来，他们要为尊严和祖国而战。在库图索夫的统率下，他们历经了血与火的洗礼，终于赶走了入侵者，保卫了自己的国家。

小说中，当有人报告库图索夫，那些民兵穿上干净的白衬衫，正从容地去迎接死亡的时候，这位统帅情不自禁地高呼："多么好的人民！简直是无与伦比！"

其实，这又何尝不是托尔斯泰的内心深处的呼声。

写作《战争与和平》的日子是辛苦的，在——阅读大量历史资料，阅读相关书籍报刊，大量采访当事人，请他讲述战争故事，又亲临战场，实地考察——之后，托尔斯泰投入了艰巨的创作当中。

每天一早，他就把自己关在房子里，不许任何人打扰，一心扑在让他激动，让他冷静，让他欣喜，让他悲伤的人物和故事当中。夏天天气热了，他就进入庄园附近的森林里，在那里躲避暑气，也躲避那些来访的客人。整整下午的时间，他改了写，写了改，每一章，每一段，乃至每一个句子，每一个词，都反复推敲，深思熟虑。看过托尔斯泰手稿的人，都会为那些涂涂抹抹的字迹又吃惊，又感动。

托尔斯泰曾对他的一个朋友开玩笑说："如果我是沙皇，我就颁布一项法令，作家要是用了一个自己不能解释其意的词，就剥夺他的写作权利，并且打一百棍子。"

在《战争与和平》之后，托尔斯泰又创作了《安娜·卡列尼娜》和《复活》。这些作品的完成，既表明了他有进步的民主思想，也说明了他对农民和城市平民的穷困生活有着深深的同情。

俄国废除农奴制之后，农民与地主之间的矛盾与纷争并没得到彻底的解决。为了解决这些纷争和矛盾，托尔斯泰因为有诚信，所以被选为和平调解人。早在19世纪50年代，托尔斯泰的思想就逐渐趋向激进，曾在自己的庄园内多次进行改革，把土地分给农民耕种；后来还致力于普及教育，创办学校，亲自授课，在农民子弟中传播知识和文化。正因为如此，当上和平调解人的托尔斯泰自然而然地倾向农民说话，使得那些地主对他恨之入骨。

一天夜里，当地宪兵团长率领警察突然搜查了他的家，翻遍了所有地方，寻找秘密印刷机。马厩被撬，池塘被搅得一团糟，连托尔斯泰的日记和文件也被丢得到处都是，可是，他们没有找到什么"反对专制制度"的传单，最后悻悻而去。

1891年和1892年，俄罗斯出现了严重的歉收和饥荒。这时的托尔斯泰已经是60多岁的人了。但他仍然带着大女儿和助手们深入灾区，访饥问苦，主持募捐，并为那些饥饿的人设立了许多食堂。他不顾妻子反对，毅然宣布放弃自己在1881年以后写的一切作品的版权，用这笔资金从事社会救济。他还写了《关于饥荒的通信》交给国外的报纸发表，结果惹恼了沙皇，虽最终没有对他进行"严惩"，却也给他带来了非常大的危险。

这样的故事在托尔斯泰的一生发生过很多。

托尔斯泰是爱人民的，所以人民也爱他；他同情贫苦的下层百姓，为他们代言，所以，这些人不但从他的作品，更是从他的实际行动中体会了他的伟大。他们爱他，把他当作自己的亲人。

看一看托尔斯泰1909年秋天，也就是他离世前最后到莫斯科访问，

我的未来不是梦

准备离开时的情景——

"当我们乘车驶进库尔斯车站广场时,立刻看见广场上挤满了人——数目至少上万,也可能是一万五,两万……人们都来为他送行。当托尔斯泰从马车中走出来的时候,人群中所有的人如同一个人一样,全脱下帽子……人群移动着,喧闹着,像波涛汹涌的大海。空中充满了欢呼声:"乌拉,列夫·尼古拉维奇!光荣属于托尔斯泰!伟大的战士万岁!乌拉!""

当火车徐徐启动后,"人群也在往前涌去。他们被一种发自内心的情感所支配着,着了魔似的一个劲儿紧追着列车不放……"

列夫·托尔斯泰,一个伟大的名字!他用自己的行动践诺自己的梦想,他的一生都在坚持,因为只有坚持,梦想才能开放出高尚而纯洁的花朵。

逐梦箴言

高贵的头颅从来不会停止思考,伟大的灵魂永远行走在星光闪闪的夜空。需要鄙视的,只生存于被鄙视的地域,而应该赞美的,必然存在于被赞美的天堂。

知识链接

《复活》

俄国著名作家列夫·托尔斯泰代表作之一,取材于一件真实事件,主要描写男主人公涅赫柳多夫引诱姑妈家女仆玛斯洛娃,使她怀孕并被赶出家门。后来,她沦为妓女,因被指控谋财害命而受审判。男主人公以陪审员的身份出庭,见到从前被他引诱的女人,深受良心谴责。他为她奔走伸冤,并请求同她结婚,以赎回自己的罪过。上诉失败后,他陪她流放西伯利亚。他的行为感动了她,使她重新爱他。但为了不损害他的名誉和地位,她最终没有和他结婚而同一个革命者结为伉俪。该书对俄国社会的揭露和批判达到了空前激烈的程度，并以主要的篇幅揭露法庭、监狱和政府机关的黑暗以及官吏的昏庸残暴和法律的反动。

《安娜·卡列妮娜》

列夫·托尔斯泰的代表作之一。该书通过女主人公安娜的追求爱情的悲剧，和列文在农村面临危机而进行的改革与探索这两条线索，描绘了俄国从莫斯科到外省乡村广阔而丰富多彩的图景。书中先后描写了150多个人物，许多人物在文学史上光芒四射，如安娜、渥伦斯基、吉提、列文、卡列宁、奥布朗斯基公爵……如果简单地归纳一下，这部作品主要写了两个故事：其一，是安娜与渥伦斯基从相识、热恋到毁灭的过程，以及围绕这一进程的所有社会关系的纠葛；其二是列文的故事以及他在宗教意义上展开的个人思考。可以说，这是一部社会百科全书式的作品，是托尔斯泰的一部既美不胜收而又博大精深的巨著。

列夫·托尔斯泰

■ 我身高一米五，但我属于全世界

中国 70 后女作家安妮宝贝这样评价杜拉斯："文字在杜拉斯的笔下，自由飘忽。她可以随意地变换人称，变换叙述的时间顺序。相同的是一种绝望的张力，始终紧紧地绷在那里。无法松懈的阴郁和悲凉。"

这样的评价相对是准确的。

杜拉斯的文字和她的为人相近，桀骜不驯，任意而为。她 29 岁开始写作，写到 50 岁了，也没有人把她当成一个作家；她的作品常常只印几百册，而且大费周折。但是，他从来没有间断过，每天都写四五个小时，自信异常。

纵观杜拉斯为文学的一生，完全可以是这样一句话去比喻："百分之一百的惊世骇俗，百分之二百的离经叛道，百分之三百的特立独行。"

她永远在她的小说里！

杜拉斯说过："写作，那是我生命中唯一存在的事，它让我的生命充满乐趣。我始终没有停止过写作。"

严格地说，杜拉斯属于大器晚成型的作家。她的创作之路并不顺利，甚至荆棘密布，好在面对挫折她从不气馁，一直坚定地践行着自己的信念。

1943 年，她写好了自己的处女作《厚颜无耻的人》。小说辗转于一家家出版社，又被一家家出版社拒绝。杜拉斯的自信让她几乎绝望，她疯了一般地说，如果小说不能出版，她就选择自杀。好在时间不久，终于出现了一家愿意出版这部小说的出版社。杜拉斯如释重负，欣喜若狂。然而，小说发表后反响平平，甚至有人评价说，这是一部练笔之作，应该被作家本人锁在抽屉里。

这时，杜拉斯对自己说："要坚持梦想！"

七年之后，杜拉斯根据她在印度支那的生活，写出了《抵挡太平洋的堤坝》。

1914年，杜拉斯出生在越南的嘉定市。父母都是公职人员。她9岁的时候，父亲去世，那以后，她便和母亲及兄长生活在一起。谈到杜拉斯的母亲，那是一个有着强烈控制欲的女人。她性情古怪，这使得许多人不愿意与她交往。同时，她也是一名严厉的老师，对学生负责，不甘平庸，努力工作，积极赚钱——丈夫死后，她承担了全部的养家的责任，除了工作，还要利用业余时间去教法语课，在电影院里弹钢琴。她拿出自己的所有积蓄，在海边买了一块耕地，希望把它改造成良好的水田，耕种出最优质高产的水稻。那是她的希望，她的梦，但是，她买的只是一块盐碱地，而且每年必被海浪冲刷，所以，希望破灭不说，她也债台高筑，倾家荡产。

杜拉斯的小说就是以这段生活为背景创作的。

这部小说很有希望获得1950年的龚古尔文学奖，但由于内容涉及了法国政府在其殖民地的统治，所以，遗憾的与法国最重要的文学奖项失之交臂。

杜拉斯很气愤，但她知道，自己没有错，她需要继续做下去的事情只有一件，那就是写作。

这之后是《直布罗陀的水手》、《塔吉尼亚的小马》、《街心花园》……

杜拉斯渐渐为自己赢得了一些名声，但远远不够！崇拜杜拉斯的人说杜拉斯勇于探索，标新立异；敌视杜拉斯的人则抨击她否定传统，离经叛道。也有的人评价杜拉斯的小说过于琐碎，没有趣味。对她不抱任何希望……

一直到1984年，杜拉斯70岁了！

"我已经老了……"杜拉斯终于爆发了！她写《抵挡太平洋的堤坝》的

时候，母亲还活着，有些东西她无法放开去写。现在，母亲早已离去，而自己也已经老了，15岁时的湄公河上的情人浮出水面，穿越时空，带着她的童年的碎片，少年的情爱，潮水一般灌入她的身体和思维。三个月的时间，面对着冬日的阳光，杜拉斯把自己的梦想定格成经典。

《情人》完稿，杜拉斯泣不成声。

子夜出版社出版了这部作品。半年之内，小说发行量直抵250万册。巴黎为之轰动，那些不相信杜拉斯的人也不可救药地被感动了。很快，《情人》誉满全球，它被翻译成32种文字，各种肤色的人都在阅读它，并为它的叙述和情节而痴迷。杜拉斯成了偶像，人们模仿她的穿着，模仿她的说话方式，不约而同地拥挤在她住所的门前，呼唤她的名字，只为一睹她的风采。

《情人》获得了1984年的龚古尔文学奖。

杜拉斯依然保持着固有的自信，她说："我身高一米五，但我属于世界。"

逐梦箴言

很多时候，我们为挫折而沮丧，感觉自己正远离梦想与希望。在一片如潮的嘘声里，我们藐视自己曾经的理想，怀疑那是不着边际的沙漠幻境……杜拉斯的故事告诉我们，忽略那些渺小的不利因素吧，咬牙走下去，绿洲就在前面！

知识链接

龚古尔文学奖

龚古尔兄弟是法国自然主义小说家,弟弟茹尔·德·龚古尔于 1870 年去世后,哥哥埃德蒙·德·龚古尔十分悲痛,在 1874 年 7 月 14 日立下遗嘱:为了纪念他的弟弟,要用遗产作为基金,成立龚古尔学院,即龚古尔文学奖评选委员会,并指定福楼拜、左拉、都德等 10 名友好作家为第一届院士。由于埃德蒙到 1896 年才去世,这份名单后来有所变动。龚古尔学院于 1902 年成立,1903 年 1 月 11 日获得批准,当年 2 月 26 日举行第一次会议,决定设立 5000 法郎的奖金,奖励当年出版的最佳长篇小说、最佳短篇小说集、最佳想象性散文作品,每年的 12 月 21 日颁奖。为了保证院士们能不偏不倚地进行评选,遗嘱规定每位院士可享有一栋住宅和一份保障生活的年金。后来奖金改为 50 法郎,仅仅是一种荣誉,但其重要性已超过法兰西学士院的小说大奖。自 1903 年开始,获奖小说中有普鲁斯特的《在花枝招展的少女身旁》、马尔罗的《人的状况》、西蒙娜·德·波伏瓦的《名士风流》和杜拉斯的《情人》等。

《情人》经典语句

我已经老了,有一天,在一处公共场所的大厅里,有一个男人向我走来。他主动介绍自己,他对我说:"我认识你,永远记得你。那时候,你还很年轻,人人都说你美。现在,我是特为来告诉你,对我来说,我觉得现在你比年轻的时候更美,那时你是年轻女人,与你那时的面貌相比,我更爱你现在备受摧残的面容。"我常常忆起这个只有我自己还能回想起而从未向别人谈及的形象。他一直在那里,在那昔日的寂静之中,令我赞叹不止。这是所有形象中最使我惬意、也是我最熟悉、最为之心荡神驰的一个形象。

● 智慧心语 ●

1.痛苦也有它的庄严,能够使俗人脱胎换骨。要做到这一步,只要做人真实就行。

——巴尔扎克

2.只有不丧失普通劳动者的感觉,我们才有可能把握社会的历史性进程的主流,才能创造出有价值的东西。

——路遥

3.在富有、权力、荣誉和独占的爱当中去探求幸福,不但不会得到幸福,而且还一定会失去幸福。

——列夫·托尔斯泰

4.一个有良知而纯洁的人,觉得人生是一件甜美而快乐的事。

——列夫·托尔斯泰

第四章

在坎坷中绽放光芒

◎导读◎

正确的人生不可避免地会出现困难、坎坷和失败，关键在于，当厄运来临时，你选择什么样的态度去面对。你可以悲伤、哭泣、屈膝退缩，也可以选择乐观，坚韧，挺胸向前。临渊一跌，粉碎的是你的代价；飞瀑映虹，壮美的是你的一生！

弗兰纳里·奥康纳

■ 美丽的日子都有方向

弗兰纳里·奥康纳，美国"南方文学的先知"，小说家，评论家，美国文学的重要代言人。她的经历似乎十分简单，1925 年出生，1964 年去世，年仅 39 岁。在短暂的、不到 40 年的生命里，她留下了两部长篇小说集以及大量的书评和影评。生前得过欧·亨利短篇小说奖；去世后的 1972 年获得美国图书奖。

奥康纳死于红斑狼疮，死后葬于米里奇维尔的梅默里希尔公墓。她缠绵病榻期间，依然坚持写作——这是她的计划，并把手稿藏在枕下，以免医生发现制止。她死后，读者看到了她治疗期间的作品，都为她的文字而感动。美国《时代周刊》评价她说："她履行了诺言。"而《新闻周刊》的评论家更为动情地称赞她的小说是大师之作。

读者热爱奥康纳，评论家青睐于她——中国作家马原曾说，奥康纳善于打破人们的思维定式，除了她的故事和文字，更多的原因在于她对待生命与写作的态度。她在生命最后的岁月里，曾给自己的朋友写信："我因病一直哪儿也没去。从某种意义上说，得病比长途跋涉去欧洲更有教益，病重之人永远是孤独的，谁也不能随你而去。死前患病是再自然不过的事，我觉得没有患过病的人失去了上帝的一次恩惠。"

面对死亡，她选择的是嘲讽和调侃。

红斑狼疮正侵蚀她的生命，但她不肯放下工作。

她坚持写自己最后的小说；坚持接受邀请去学校演讲，回答同学提出的"充满智慧的问题";坚持参加文学活动,尽量明晰地表达自己的各种观点……

她饲养的孔雀悠闲地在院子里散步,不时地停下来引颈嘶喊。新来的两只天鹅似乎安静得多,它们卧在草地上娓娓私语。弗兰纳里·奥康纳躺在床上,在对家禽的观望中寻找乐趣。

说到家禽,她的记忆和欢乐可谓不少。5 岁时,便教会她所喜爱的矮种鸡倒退行走,这一"奇迹"吸引了一家电影公司的注意,拍摄了短片,在众多的电影院上映。

我们读她的小说《背井离乡的人》,一开篇就提及:"孔雀跟在肖特利太太的身后,顺着那条大道走上那座小山……孔雀就在她身后停下,它的尾巴在阳光下闪闪烁烁,发出金绿色和蓝色的光彩,它稍许翘起来点儿,免得碰到地面,还像蓬起的裙裾那样,在两边飘扬出去……"

栩栩如生!

我们相信,她也希望自己多活些时日——但是,只要活一天,她就要保鲜一点一滴的快乐。依然是给朋友写信,她描述她住院时看到的场景:"一个住在走廊对面的老太太,自从去年 11 月就住进了医院。她已 92 岁,每一次他们碰她,她就大吼'上帝上帝! 我的上帝! '其嗓门之大不亚于码头装卸工。"

幽默的典型!

显而易见,再黑暗的日子也有希望存在——只要你有方向,美丽就在不远的地方等待!

这是奥康纳留给我们的启示!

弗兰纳里·奥康纳最后还是走了,但她的平静和乐观情绪让她的朋友们坚信她现在生活在天堂。上帝的大手还是给了她应有的恩惠,那不单单是荣誉,更多的是尊重,后来人从她那里得到激励,面对困苦和磨难时可以正确选择道路。

说到奥康纳,不禁使我们想到另一位英年早逝的著名作家,苏联的奥斯托洛夫斯基。他生于 1904 年,1936 年就离开了我们。关于他,中国几代年轻读者都不会忘记，他那不屈不挠的奋斗精神，时时刻刻激励着我们——面对困难和不幸，唯有意志坚强，高昂头颅，才能抵达光明的彼岸。

让我们一起来回忆一下 1930 年春天的一幕。

1930 年的春天，莫斯科的街头，一辆救护车无声地滑行着。天空刚刚下过雨，沥青马路略显冷清。车上，除了医生和护士，还躺着一个枯瘦的病人——妻子无言地注视着他，内心充满哀伤。

汽车每一次拐弯，刺耳的警笛都会使病人的身体微微地颤抖；他直视汽车的白色顶棚，眉头紧锁，嘴角下垂，疼痛明显地写在脸上，但他咬着牙不出一声。

他在想什么？

他离开医院的原因十分简单——医生说："病已经没有希望治好了，在医院里再住下去也无用。"

这无疑是死亡通知书。

他恐惧了吗？

没有！在后来得到的证实中，他在救护车上的"独白"是："……我不会这么容易就死的。我还要再活一些时候，故意和那些有学问的医生们的预言开开玩笑。关于我的健康状况，他们的意见都是对的，但他们要写个文件，说我是个百分之百的残废，那就大错特错了。我们往后还要瞧一瞧……"

这个时候，人们还不能完全理解他的潜台词——美丽的日子都有方向！他无数次触及的"幻想"正催动着他，他要咬牙坚持下去。

"钢是在烈火与骤冷中锻铸而成的。只有这样它才能成为坚硬的钢，什么都不惧怕。我们这一代人也是在这样的斗争中，在艰苦的考验中锻炼出来的。并且学会了在生活面前不颓废。"

不用把这个故事讲完，每一个有阅读常识的人都知道，这个故事的主人公就是奥斯托洛夫斯基。1930 年的春天，他正式动笔开始创作那部影响世界、激励世界近百年的"红色经典"——《钢铁是怎样炼成的》。

1936 年 12 月 22 日，奥斯托洛夫斯基逝世。他的一生非常短暂，只经

我的未来不是梦

历了 32 个年头,但这 32 年几乎写满了壮丽与辉煌!他告慰妻子,也告慰世人:"我终于成了胜利者——这一点的证人就是我的著作。"

这是多么铿锵的语言啊!

"每个孩子都懂的春天所说的话:

活下去,生长吧,开花吧,希望吧,爱吧,

高高兴兴吧,抽出新的嫩芽。

豁出去,对生活不要惧怕!"

——黑塞的诗,献给所有的"有方向的美丽的日子"!

逐梦箴言

奥康纳和奥斯托洛夫斯基一样,在短暂的生命里,大部分时间与疾病和命运做着艰苦卓绝的斗争,他们不轻言放弃,敞开胸怀抒写壮丽的诗篇。他们的行动证明:死亡不但是可以战胜的,而且,完全可以超越!

知识链接

欧·亨利短篇小说奖

1918 年,美国艺术科学协会为纪念美国短篇小说大师欧·亨利而设立的年度奖,以奖励最优秀的短篇小说家。每年评选出版一部最优秀的短篇小说集。此奖设一等、二等和三等奖。

奥斯托洛夫斯基

全名尼古拉·阿列克谢耶维奇·奥斯特洛夫斯基,坚强的布尔什维克战士、著名的无产阶级作家。1904 年 9 月 29 日出生于工人家庭。因家境贫寒,11 岁便开始当童工。15 岁上战场,16 岁身受重伤,25 岁身体瘫痪,年仅 32 岁便去世。他的长篇小说《钢铁是怎样炼成的》,是 30 年代苏联无产阶级革命文学中最优秀的作品之一。他还发表了大量有战斗性的政论和演说文章。1935 年底,被苏联政府授予列宁勋章,以表彰他在文学方面的创造性劳动和卓越的贡献。

知
识
链
接

奥斯托洛夫斯基

我
的
未
来
不
是
梦

■ 我们的光荣却缺少了他

1673 年 2 月 17 日的晚上，法国巴黎剧院上演莫里哀几个月前刚刚完成的喜剧《心病者》。和往常一样，莫里哀担任主角。化妆间里，妻子劝他，"你病得这么重，还是不要登台了吧。"可是，莫里哀摇头，轻叹一声，说："这有什么办法呢? 假如一天不演出，那五十个可怜的兄弟又如何生活呢? "

他坚持上台。

演出的时候，由于身体十分痛苦，他不得不经常皱眉、咳嗽，面部表情十分的扭曲。一个真正的病人，正扮演着喜剧里没病装病的人，观众以为莫里哀是全心投入，所以演得逼真，便一次又一次鼓掌喝彩。他们哪里知道，即将发生在他们身边的，将是一幕真正的人间悲剧。台上的莫里哀痛苦到了极点，突然发出大笑，竟然挣破了喉管，台下的掌声尚未平息，他已经昏死在了舞台上。

四个小时后，莫里哀便逝世了。

热爱莫里哀的人们从悲痛中苏醒过来，回想起他为艺术的人生，无不再次落下心酸的泪水……

莫里哀出生于一个商人家庭，他的本名叫约翰·巴蒂斯特·波克兰。他的父亲由于装饰王宫内府有功，获得了一个世袭的"国王侍从"的头衔。在王宫里，他是宫廷毡厂的总管。在外，他还经营着几个铺面和作坊。日子富庶，算得上一个比较体面的中产阶级了。

善于经营的父亲送莫里哀进教会学校学习,然后,又设法给他买了大学法律硕士的学位,他期望儿子可以进入上流社会,过上风光而受人尊重的生活。令他万万没有想到的是,儿子最终所选择的道路和他的设计大相径庭,不但背道而驰,而且,让人难以接受和容忍。1642 年 1 月,莫里哀在法国南部结识了著名女演员玛德隆·贝雅尔和她的弟弟,几个年轻人一见如故,相谈甚欢。莫里哀从小就喜欢看民间闹剧和喜剧,并在闲暇时间阅读了大量的古希腊、古罗马大诗人、大剧作家的作品。他热爱喜剧,渴望在这条道路上有所造诣。而贝雅尔对喜剧事业亦有抱负,一直有组织剧团的愿望。几个人一拍即合,决定组织一个自己的剧团在巴黎演出。莫里哀的名字就是这个时候起出来的。

愿望虽好,实现起来却困难重重。

听说儿子和一个女戏子一同成立了什么"光耀剧团",做父亲的险些没有昏倒过去。他大骂儿子头脑出了问题,又哭又闹,逼迫儿子"改邪归正"。可是,莫里哀面对阻力,决不让步,并写信给父亲,放弃了宫廷毡长总管和国王侍从的继承权,表示要在自己选择的道路上坚定不移地走下去。父亲无奈,也只好由他去了。

家庭的阻力没有了,社会上的阻力和压力又乌云盖顶。教会把莫里哀驱逐出教,视他为"异徒";剧团的前景也不容乐观——除了贝雅尔外,演员经验不足;没有固定的演出场所,走街串巷,受尽奚落;好不容易有了演出机会,戏未开场,又被人轰走;最难的时候,大家吃饭都成了问题……为了维持剧团的生存,莫里哀东求西借,处处低头,处处陪笑,贝雅尔也几乎倾家荡产。

三百多年前的法国,法律规定,还不起债务是要坐牢的。

1645 年,一个蜡烛商把莫里哀告上了法庭,莫里哀入狱。剧团百般活动,才算把他解救出来。谁知,一波未平,一波再起,没过几天,一个戏剧服装商人又把莫里哀告了,才出监狱的他,喘息未定,就又回到了监狱之中。这一次,是父亲花钱把他赎了出来。父亲劝诫他放弃演戏的行当,这样一来,生活才有希望。但是,莫里哀又一次拒绝了父亲的要求。他默默地鼓励

他们为什么成了作家

自己,挫折和失败都是暂时的,信心决定着一切!

这一年的秋天,他和贝雅尔等人一起参加了另一个流动剧团,走遍大半个法国,过了 13 年的流浪演出生活。这 13 年对莫里哀来说十分重要,他的阅历和思想观点都发生了很大的变化。他演戏,同时也开始尝试写戏。他广泛搜集民间传说、民间信仰、谚语、俗语、民歌、方言、流行语,并巧妙的把它们运用到剧本当中;他还借鉴闹剧的艺术表现方法,把日常生活中最普通的素材加以强化,使其达到出人意料的艺术效果。

法国当时的戏剧都一味夸大君主的英明,而把劳动者描写得愚蠢而可笑;莫里哀打破了这一局限,他的喜剧,讽刺、打击的对象之一就是贵族阶级,而平民百姓在他的剧本里反而充满智慧,令人同情,令人尊敬。

莫里哀的一生写过许多喜剧。他回到巴黎之后,首次推出的是他创作的《可笑的女才子》。这时,经过他的努力和丹舒公爵的推荐,法王路易十四同意他们到王室演出,并且,还拨给他们小布尔明戏院,供他们演出时使用。莫里哀的剧团相对稳定了,他们把自己的剧团改名为"光辉剧团"。

《可笑的女才子》大胆地嘲笑和讽刺了上流社会的愚蠢及丑行,在观众中间反应十分强烈。那些贵族们坐不住了,他们互相串连,想方设法阻止这部戏继续演出,还扬言要拆掉小布尔明戏院,把莫里哀他们赶到大街上去。

这场斗争是从 1658 年开始的。等到 1661 年和 1662 年,莫里哀他们先后在王宫的戏院大厅上演《丈夫学堂》和《太太学堂》之后,斗争达到了白热化的程度。由于这两部戏反对男人的夫权思想,谴责金钱的罪恶,整个巴黎为之轰动。教会在惊叫,贵族们如坐针毡,而那些反动的无耻文人则四处发表文章,谩骂莫里哀低级下流,粗俗不堪,冒犯宗教,罪该万死。更有甚者,随着斗争的继续,贵族扬言要派人暗杀莫里哀;教会站出来,声嘶力竭地警告那些观看莫里哀的观众,凡是看过或听过剧本朗诵的人,都将被驱逐出教会。

但是,什么样的势力能阻止巴黎乃至法国的观众对莫里哀的喜爱呢?

莫里哀每完成一个剧本,都要读给女仆听。女仆每每说好,并随着剧情的发展或惊或笑或怒。莫里哀想,她一定是害怕自己,所以才装出这些表情吧?于是,故意把剧本读错,不想,女仆吃惊地瞪大眼睛,叫道:"天啊,这根本不是先生写的。"

这样的喜爱和支持,对于莫里哀来说就是最大的动力。

莫里哀昂起那颗高傲的头颅,对着黑暗的天空呐喊——名誉比生命更宝贵。

二十年的时间,他积劳成疾,患上严重的肺病,贝雅尔去世,儿子死亡,朋友突然背叛……这些,都不能让莫里哀停止战斗!

……

莫里哀走了,葬礼十分冷清,只有两个教士,和一场冷冷的暮雨,但是,历史无声地记下这样一笔——莫里哀的谢幕演出是空前的!当他的灵枢穿过巴黎的街头,所有的窗子都是打开的,一张张凝重的面孔注视着他,怀念和不平如响雷一般滚过天空,夜虽黑,但光明就在前头!

逐梦箴言

法兰西学士院的大厅里,立着一尊莫里哀的石像,石像的底座上刻着这样的题词——"他的荣誉什么也不缺少,我们的光荣却缺少了他。"这又如何?对于莫里哀来说,创造荣誉胜过享受光荣!

知识链接

法王路易十四

全名路易·迪厄多内·波旁,是与康熙同时代的法国波旁王朝著名的国王,时人尊称"太阳王"。他是法王路易十三的长子，1638 年出生于法国圣日耳曼昂莱，王弟奥尔良公爵菲利普则于 1640 年出生。他的母亲奥地利的安娜摄政，直到 1661 年红衣主教马扎然死后，才真正开始亲政。他的执政期从 1643 年至 1715 年共 72 年，是欧洲君主专制的典型和榜样。他以雄才大略、文治武功，使法兰西王国成为当时欧洲最强大的国家，使法语成为两个世纪里整个欧洲外交和上流社会的通用语言，使自己成为法国史上最伟大、也是世界史上执政最长久的君主。

欧洲文学中的四大吝啬鬼

莎士比亚喜剧《威尼斯商人》中的夏洛克；莫里哀喜剧《吝啬鬼》(又译《悭吝人》)里的阿巴贡；巴尔扎克小说《欧也妮·葛朗台》中的葛朗台以及果戈理小说《死魂灵》里的泼留希金。

莫里哀

你好！丑小鸭

"紫丁香将长长的枝条垂入水中，太阳照得很温暖，很愉快，它扇动着翅膀，伸直细长的颈项，从内心中发出了一个愉快的声音：'当我还是一只丑小鸭时，做梦也没有想到会有这么多的幸福！'"

丑小鸭从未放弃过生的愿望和对美的追求。

安徒生也是一样！

1805 年，安徒生出生于丹麦富恩岛上一个叫奥登塞的小镇。他的父亲是一个鞋匠，母亲是一个洗衣妇，贫穷的现状让他们的日子显得苍白而无力，日复一日地在窘困之中挣扎。安徒生的童年欢乐无多。那些有钱人家的孩子怕失了身份，都不肯和这个脑袋略大的男孩儿玩耍，他们躲避瘟疫一样，一见到他，就远远地跑开。

"走开！穷鬼！别靠近我们！"他们一边跑一边喊。

安徒生孤独地望着那些背影消失在光线最为斑驳的地方。

长到七八岁的时候，他学会了阅读，忙碌的父母经常可以看到自己的儿子安静地坐在角落里，手捧《一千零一夜》或者《拉封丹寓言》专心致志的样子，他们并不知道，曾多少次，书中的故事把安徒生带去了遥远而美丽的地方……

安徒生的父亲是一个既有爱心又有耐心的人。他知道孩子的寂寞和忧伤，于是，便尽量抽出时间陪安徒生一起做玩具或画画。晚上，父亲还常为家人朗诵莎士比亚的作品。每当夏天来临，他都会领着安徒生去森林里散步。可是,好景不长,这样一位慈爱的父亲在安徒生 11 岁的时候病故了,家里的生活变得更加艰难。

安徒生很想为母亲分担一点忧愁和压力。

经人介绍,他来到克里斯蒂安亲王的家里,请求亲王资助他去读书或当个演员。

他既谦卑又渴望地说:"亲王殿下,我能唱歌,也能跳舞,我想请求您……"

不等他的话说完,亲王就以讽刺的口吻打断他:"不要再讲下去了,你只是一个穷铁匠的儿子,应该子承父业,学一门手艺赚钱养家。读书、当演员?这些都不是你能干的。"

他被不客气地逐出了大门。

站在亲王家的门外,安徒生的眼中噙满泪水。他暗暗发誓,一定要成为一个艺术家,让他以后的每一代人从孩提时代就知道安徒生的名字。

1819 年,14 岁的安徒生作出了一个重要的决定,他要离开奥登塞,到外面的世界去闯一闯。他为自己设定了一个目标,要当一名演员,他要进入哥本哈根皇家剧院。

到哥本哈根后,安徒生积极寻找机会,却四处碰壁。身上的钱不多,所以他必须找零活干,就这样,他一边干活糊口,一边等待机遇。这一天,安徒生来到歌唱家、丹麦皇家唱诗班学校校长西博尼的家里。他的不幸遭遇和坚韧不拔的性格,深深地打动了西博尼。他很快筹到一笔钱,为安徒生租了一间便宜的房子,并表示愿意免费指导安徒生学习声乐。

安徒生的内心充满了感激。

然而,命运之神似乎有意考验这位未来的文学巨匠。就在安徒生已经看到希望的时候,他的嗓子坏了!他失去了夜莺般嘹亮的嗓音,以往清丽的旋律转瞬变成了乌鸦的哀鸣。

残酷的现实告诉安徒生,他当演员的梦想破灭了!

在此后的一年里,安徒生像一只可怜的"丑小鸭",到处受到冷落,各处受到嘲笑。坐在街边的路灯下,他深深地拷问自己:就这样放弃吗?

回答是坚定的：不！

既然与演艺无缘，那就当一个剧作家！

一切从头开始！安徒生如饥似渴地扎进图书馆读书，一边拿起笔，大胆地创作，很快，他先后写出了悲剧《林中小礼拜堂》、《维森堡大盗》，后者的第一幕有幸被报纸发表，安徒生得到了生平第一笔稿酬。

命运之神终于眷顾他了。

1822 年，在好心人的帮助下，安徒生申请到了一笔皇家教育公费，得以进入教会中学上学。他非常珍惜这次来之不易的学习机会，几乎将全部的精力都投入到学习拉丁语、希腊语、历史、地理等课程中。但是，噩梦并没有停止。教会中学的校长是一个矮墩墩的皮肉松弛的人，性格古怪，喜怒无常。他喜欢讽刺、羞辱和恐吓学生，对爱幻想的安徒生更是看不顺眼。他禁止安徒生进行创造性的活动，并时刻让他明白，卑微的出身注定他的地位永远都是低下的。

1826 年，安徒生写下了名为《垂死的孩子》一诗。尽管这首诗后来成为 19 世纪最著名的诗歌之一，但胖校长却把这首诗贬为"垃圾"；他疯狂地阻止安徒生写诗、写剧本，并把他关在学校里，禁止他走出校门与邻里和朋友来往。

极其难堪的处境使安徒生的精神受到极大的打击，他暗自努力，想及早地告别这种无边的黑暗岁月。

1828 年 9 月，23 岁的安徒生如愿地考取了哥本哈根大学，同时，他的长篇幻想游记《阿尔格岛漫游记》出版，获得业内的一致肯定。接着，他的第一部诗集出版；轻喜剧《在尼古拉耶夫塔上的爱情》在皇家剧院公演，听着观众的阵阵的掌声，坐在后台的安徒生泪流满面。一个穷鞋匠的儿子，终于可以扬眉吐气了。

接下来的几年里，安徒生迅速地由文学青年成长为优秀的作家。30 岁时，长篇小说《即兴诗人》出版，这一标志性的作品奠定了安徒生在丹麦乃至欧洲的文学地位。然而，那些固守等级制度的贵族们为了发泄自己的不满和妒忌情绪，又开始千方百计地诋毁、打击安徒生。他们认为他不配当作家,他依然而且永远是"穷鞋匠的儿子",是那个"来自奥登塞,接受皇家剧院施舍的臭小子。"

为了避开噪声,并开拓自己的视野,安徒生决定去国外旅行。他哪里会想到,正是旅行,为他的童话创作开辟了一条宽广的大道。在朋友家,他听朋友的女儿谈论植物园的花,一下子产生了灵感,于是,写了《小意达的花》;在城堡边,他看到了一棵花朵正盛的苹果树,于是,有了《差别》……每当夜晚,安徒生坐在书桌前,随着油灯的火苗的跃动,他的思绪在那无限扩大的光环中旋转着去了远方。《卖火柴的小女孩》、《皇帝的新装》、《踩着面包走的小女孩》、《海的女儿》、《坚定的锡兵》、《拇指姑娘》……童话把他带入了一个崭新的世界。

安徒生用他一生的经历告诉后人:逆境更能造就人生!

逐梦箴言

如果你想成为一个时代的天才,那么就必须学会同时承受光明与黑暗。只有那些坚强不屈,勇往直前,向往未来,不畏黑暗的人,才有资格和能力抵达梦的彼岸。

知识链接

《海的女儿》

《海的女儿》是安徒生童话宝库中的珠玑,是最脍炙人口的名篇。它讲的是海王国美丽而善良的美人鱼爱上了陆地上英俊的王子,为了追求爱情幸福,不惜忍受巨大痛苦,脱去鱼形,换来人形。但王子最后却和人间的女子结了婚。巫婆告诉美人鱼,只要杀死王子,并使王子的血流到自己腿上,美人鱼就可回到海里,重新过着无忧无虑的生活。可她却为了王子的幸福,自己投入海中,化为泡沫。《海的女儿》通过美人鱼对爱情的执著追求和为爱而不惜牺牲自己生命的感人故事，来表现美人鱼崇高的精神境界和美好善良的心灵。该篇童话被多次改编为电影、木偶剧、儿童剧。

安徒生

■ 没有他，就没有"现代小说"

河水在夕阳的斜晖里，显得更加的无声而凝滞。一个老人，一动不动的站在坎坷不平的河岸上，沉默地注视着远方。他的右手下意识地抚摸着僵硬的左臂，似乎要把它从麻醉中唤醒。

"我真的没有写作的才能吧？为什么进展这么缓慢？"他自言自语。

"唉！要是有一间小小的，哪怕只能容一桌一椅的书房该多好啊。"他像是在回答自己，又像是在无奈地延长着刚才的叹息。

"轰——"

他的耳畔隐约传来一声炮声。

紧接着，一个激昂的声音开始宣读《官方报告》。

"在这场海战中，塞万提斯状态很差。连长和战友告诉他，你的情况很糟糕，应该好好躺在帆船的房间里。塞万提斯指责道，你们说什么呢，我没有尽到我应尽的义务，与其当怕死鬼，倒宁愿为了上帝和国王而战死……他就这样与战友们一起，像连长所命令的那样，在这场战斗中和土耳其人搏斗着。战斗结束后，胡安将军知晓了他的英勇表现，非常高兴……在这场战役中，他的胸部和手部两处受伤，他的左手从此残疾了。"

声音戛然而止，他的身子也猛的一震。

"啊！'勒班陀的独手人'！别忘了，你的名字叫塞万提斯啊！"老人一遍一遍地叫着自己的名字，终于从中汲取到了力量；他迈开沾满泥水的双腿，大步向家里走去。

在家里,在狭窄的楼道上,有一沓整齐的纸,正等着他来填满。

塞万提斯现在所牵系的,只有《堂·吉诃德》。

1547 年,塞万提斯出生在西班牙首都马德里附近的阿尔卡拉·德·埃纳雷斯城。他的父亲是一个外科医生,事业不顺,郁郁寡欢,为了养家糊口,终日奔波于各个城镇之间。塞万提斯自幼跟着父亲,过着近乎流浪的生活,他没有接受到完整的正规教育,因而对读书和学习充满了一般孩子所缺失的渴望。

父亲去那些有藏书的人家诊病时,可以说是塞万提斯最为欢乐的一刻!他坐在不引人注意的书架旁,一行行一段段地咀嚼着那些有趣的故事。他太爱这些文字了。有时,在路上看见一张带字的纸条,他也要弯腰拾起来,仔细研究一番。

渐渐的,他爱上了文学。

19 岁的时候,塞万提斯一家来到马德里定居。这时,他已经开始诗歌创作,并且,因为诗歌,得到马德里红衣主教胡里奥的赏识,成为他的家臣。1569 年开始,塞万提斯跟着大主教游历了许多历史名城,接触了新思想,大大开阔了眼界,为今后的创作打下了扎实的"生活"基础。

1570 年,信仰伊斯兰教的土耳其人准备对信奉基督教的欧洲国家开战。西班牙罗马教会和威尼斯共和国组成了联合舰队,准备与土耳其人血战到底。得知这一消息,满腔爱国热情的塞万提斯参加了军队,成为一名普通士兵。

在著名的勒班陀大海战中,他表现英勇,受到嘉奖;但由于多处受伤,成为英雄的他同时也成了残疾人。

在海上征战了四年之后,他带着基督教联合舰队统帅和西西里总督的推荐信,踏上返家的路途。不幸的是,他们所乘坐的"太阳号"启程没几天就被土耳其海盗劫持,一船的人均被俘虏,并送到阿尔及尔充当奴隶。

海盗从塞万提斯身上搜到了推荐信,认为他是一个大人物,所以,让他给家里写信,索要 500 个金币,为他赎身。在长达五年的囚禁中,塞万提斯不甘忍受异族的奴役,千方百计地逃跑,他组织过五次越狱,种种原因均未成功，直到 1580 年，亲友托人带来赎金，他才重新获得自由。

虽然塞万提斯在战斗中表现勇猛，被俘后也保持气节，但回国之后，并未得到国王的重用。心灰意冷之下，他决定离开军队，开始从事文学创作。卖文为生，谈何容易，微薄的稿费收入根本无法养活自己和家人。万般无奈之下，塞万提斯找到一份在军队当征粮员的工作。塞万提斯性格耿直，为人倔强，工作中照章办事，秉公执法，很快就得罪了教会和豪绅。于是，他们串通起来，诬告他"账目不清"，致使他被投入监狱。这以后，他似乎与监狱结下了不解之缘。不是"不能缴上该收的税款"，就是"漏洞百出"。不公正的待遇让塞万提斯深刻了解了西班牙的丑恶的社会现实，于是，他构思并开始写作《堂·吉诃德》，用以揭露社会的黑暗，抨击教会的专横，揭示百姓的困苦。

由于贫困，出狱后的塞万提斯只能和家人挤在一个下等公寓的小房子里居住。楼下是酒馆，终日吵闹，叫骂呼喊不绝于耳，大街上常常传来酒鬼醉后打架的声音。塞万提斯的书桌只能放在嘈杂的过道里，他像一个入定的僧侣，全部的心思都放在堂吉诃德和桑丘这两个人物的身上。

1605 年，《堂·吉诃德》问世，立即风行全国，一年之内再版六次，塞万提斯成为家喻户晓的名字。《堂·吉诃德》的出版，并没有使得塞万提斯的生活得到改善，但他的不朽的声誉却与日俱增。

如今，只要你走到西班牙马德里的中心广场，就会看到一组人物雕像——一个骑士手执长矛，骑在瘦马之上；他的旁边是骑着毛驴的又矮又胖的随从。在他们身后，一位神态庄重的老者静静地坐在那里，手捧书卷，凝神远方……

如果你问，每一个西班牙人都会无比自豪地告诉你，骑马的人是堂·吉诃德，那个随从是桑丘，而坐在他们身后的老者，就是塞万提斯，狄更斯、福楼拜和托尔斯泰称他为——"现代小说之父"！

逐梦箴言

生活中困难、坎坷和不幸无所不在,不能克服它们,就无法成为生活的强者!

知识链接

红衣主教

教廷大臣,罗马天主教中仅次于教宗的职位。枢机本意为枢纽、关键、重要之意。枢机主教是天主教会内仅次于教宗的高级圣职幕僚,俗称教会亲王。这些才德兼备的教会精英,是由教宗亲自甄选的,协助教宗管理普世教会的事务;能够享有红衣主教教衔的,通常是各大教区大主教上级的都会主教和宗主教,或是梵蒂冈教廷的内阁成员。教宗出缺时,按法律只有他们才有权选举教宗。因戴红帽、穿红衣之故,又称红衣主教。枢机被分成三级:枢机主教、枢机司铎和枢机助祭。

塞万提斯

我的未来不是梦

● 智慧心语 ●

1.人的一生可能燃烧也可能腐朽,我不能腐朽,我愿意燃烧起来。

——奥斯托洛夫斯基

2.对于耳背的人,你要大声疾呼。

——奥康纳

3.对于聪明的人来说,劝告是多余的;对于愚昧的人来说,劝告是不够的。

——莫里哀

4.取道于"等一等"之路,走进去的只能是"永不"之室。

——塞万提斯

5.善良的人会把生活里的黑暗变成光明!

——狄更斯

第五章

你是清泉淙淙流淌

他们为什么成了作家

　　对于人的一生来说，真挚的友谊是弥足珍贵的——一帆风顺时，有人警言语于耳畔；路遇坎坷时，有人伸手在身旁；欢乐时，同饮一杯舒心酒；痛楚时，共分一杯苦寒羹。有了友谊，就有了前进的动力；有了友谊，就多了一份成功的希望！

歌德和席勒

瞧！雨果这个人

维克多·雨果是法国 19 世纪浪漫主义文学运动的领袖，法国文学史上最重要的作家之一，也是当时法国杰出的政治家，终生为反对贫富差距，反对雇佣童工，反对奴隶制度和死刑而斗争。

说到雨果的地位和影响，有一则故事非常说明问题。

1830 年 2 月 25 日的晚上，巴黎的法兰西剧院正在上演雨果的浪漫剧《欧那尼》。演出刚刚开始，台下就乱成了一团——观众分为两派，不停地争执、分辨，摇头摆手，大喊大叫，痛斥与喝彩交织，掌声和嘘声并存，剧院里的火药味儿越来越浓。反对雨果的保守派大骂雨果不成体统，竟然如此糟蹋"古典主义原则"。在戏里，国王问侍者："什么时候？"侍者答："是半夜。"这明明就是胡闹！按照"古典主义原则"，侍者应该说："在住宅的高处，殿下，时钟正敲响十二下。"这才像诗，这才是剧本。保守派还说，舞台只能代表一个地方，但在雨果的笔下，这舞台一会儿是西班牙的广场，一会儿又是德国的某城市，从西班牙到德国就这么几步远吗？那实际上要走好长时间哩！保守派人多势众，叫喊声逐渐增大。站在保守派对立面的是一些希望雨果胜利的年轻人，他们中间有作家、音乐家、画家、雕塑家、建筑家，他们支持新文艺，渴望艺术有一个全新的突破。未入场之前，他们就在剧院外面和保守派发生了冲突，保守派收集了很多垃圾，从屋顶向年轻人的头上猛掷猛砸。当时，巴尔扎克就在这群人中间，他的身上还挨了一个白菜根。青年们愤怒了！他们拼命鼓掌，使劲叫好，用最鲜活、最饱满的热情,给予保守派强烈的回击;他们以一当十,不甘示弱,把保守派的阵营冲击得七零八落。

在法国喜剧史上,从来没有一次演出,引起过如此大的风波与战斗。

雨果,1802年出生在法国的一个军官家庭,从小就对文学和艺术有着浓厚的兴趣。童年的雨果跟随父亲去过许多地方,亲历亲闻了许多事情。他每天夜里都要背诵25行或30行古罗马诗人维吉尔或贺尔斯的诗歌,第二天再译成法文,其好学精神令周围的人十分佩服和吃惊。他14岁开始创作,到26岁时就出版了10卷本的作品集。

雨果热爱生活,尊重友谊,对美和真理有着高尚的追求。

雨果和巴尔扎克有着二十几年的友谊。在他们的交往过程中,巴尔扎克不止一次地撰文批评过他,但雨果从未在心里真正地记恨过他。有一次,雨果写了一首《修道院所见》的诗,其中第十四节第十四行中写道:"……壁虎,浴着月光,在大粪池里跑着。"巴尔扎克看后,很不以为然,他说:"雨果先生在潮湿的地方找得到壁虎,是一种宝贵的发现,值得送到博物馆,而博物馆还非当作新种看待不可。壁虎喜欢太阳,活在干燥的地方。我指出这个错误,因为艾弥麦拉尔达在《圣母院》已经拿面包喂过燕子。"

巴尔扎克对雨果很敬重,但是,对雨果诗中不真实的细节描写的批评也是毫不留情。1839年,巴尔扎克决定向法兰西学士院申请做院士候选人,但是,他得知雨果也要被提名,便主动撤消了自己的申请。他认为雨果比自己更合适,他了解他,更了解自己。他们是朋友,彼此关心。巴尔扎克弥留之际,雨果专程去看望他。巴尔扎克去世后,他在雨中发表演说,对自己的朋友给予高度的评价。

他说:"愿意也罢,不愿意也罢,不同意也罢,这部庞大而奇特的作品的作者,就在自己不知道的时候,加入了革命作家的强大行列。巴尔扎克笔直地奔到目的地,抓住了现代社会肉搏。他从各方面揪过来一些东西,有虚像,有希望,有呼喊,有假面具。他发掘恶习,解剖热情。他探索人,灵魂,心,肮脏,头脑与各个人的深渊。"

他说:"他的理智是壮丽的,独特的,成就不是眼下说得尽的。"

这些赞美和肯定是由衷的!

雨果有一个朋友,名字叫爱德华·窦隆,无辜的被官方指控为"阴谋叛乱",准备对他处以死刑。雨果得知消息后,非常焦急,他给窦隆的母亲写信,安慰她,并让窦隆到自己家里来避一避风头。他万万没有想到,这封信被当局查获并拆开偷看,然后封好,重新寄给窦隆的母亲,想借此诱捕窦隆。幸好窦隆已经离开了法国,所以,当局的阴谋未能实现。

当局固然卑鄙可耻,但雨果急朋友之所急的真挚情谊,却一直如一团火一样,在朋友的胸膛里燃烧。

对朋友如此,对待其他人与事亦如此。他总是"笔直地奔到目的地"——良知的最闪点。

雨果所生活的那个时代的巴黎,浪漫主义文艺运动正蓬勃发展,各种沙龙,团体,集会随处可见。雨果和他的朋友维尼组织了一个社团,召集一批文学艺术家,每逢星期日在阿尔瑟那尔图书馆聚集,探讨文学艺术的各种问题。

这一天,又是集会的日子,一向早来的雨果迟到了。大家都在焦急地盼望着——因为他事先通知大家,要带一件非常珍贵的礼物给大家。终于,图书馆门口出现了雨果的身影,在他的身后跟着一个孩子。

"那个孩子是谁?"大家小声议论。

"他就是我的礼物,"雨果停顿一下,微笑着环视了一下众人,"一件想不到的珍贵礼物!"他冲着那孩子招了招手把他叫到近前,又介绍道,"他叫弗朗兹·李斯特,一个远道而来的小客人,他会给我演奏钢琴。"

雨果把李斯特带到钢琴边,做了一个请的手势。

李斯特坐下来,手指轻轻滑过键盘,美妙的琴声感染了大家,所有人都陶醉在这悦耳的琴声中。

"他才 12 岁,10 岁的时候从师车尔尼学习钢琴,真是名师出高徒啊!"雨果站起来,问大家,"先生们,你们说我从他的音乐中获得了什么?"

"李斯特在告诉我们,什么是真正的诗。他印证了我一贯的主张,诗应该是歌,应该是一种音乐。当诗与音乐相逢,美就产生了。"

他的话音未落,四周已经响起热烈的掌声。

1870年,雨果19年的流亡生活结束了。这一年,法国和普鲁士之间爆发了战争,拿破仑三世战败被俘。在群众的强烈要求下,法国重建了共和政府,组织近卫军,抵御外敌。68岁的雨果从国外回到巴黎,积极地投入保卫祖国的战斗。他把自己写书所得的稿酬捐助给政府,买了两尊大炮,并把其中一尊命名为"雨果"。他要告诉世人,雨果在拼杀,在怒吼。

对于"巴黎公社"起义,雨果是不理解也不赞成的。但是,当公社失败后,他出于人道主义的立场,反对政府屠杀公社社员。他把自己的住址公布出去,建议公社人员到自己家里避难。为了援救被判罪的公社社员,他还作演说,写文章,四处奔走大声疾呼,他置自己的生死于度外,在政治斗争的暴风骤雨中,雕塑一般挺立于天地之间!

你们瞧!雨果就是这样一个人!

逐梦箴言

1885年5月23日,雨果与世长辞。他的灵柩在巴黎凯旋门停了一昼夜,群众还不肯离去。法国人民为他举行了国葬,以示对他这位伟大的诗人、作家、民主战士的尊敬。上百万人高唱《马赛曲》,不顾大主教的反对和抗议,把雨果的遗体送到法国伟大的墓地——先贤祠安葬。雨果爱亲人,爱朋友,爱祖国,爱人民,他的爱与真诚和他的作品一样,万世流芳!

知识链接

浪漫主义文学

19世纪欧洲文学分为浪漫主义文学、现实主义与批判现实主义文学和现代主义文学萌芽。浪漫主义文学源于中世纪,主要包括英雄史诗、骑士传奇和抒情诗。特点是非现实、富于幻想、有深厚的神秘色彩和传奇色彩。作为一个思潮流派运动，18世纪后半叶到19世纪上半叶，盛行于欧洲各国，是文学史上的一个范畴。其特征有：主观性、对自然的向往和对城市文明的诅咒、回到中世纪，对历史及民间文学的尊重、富有抒情性。它又分为积极浪漫主义和消极浪漫主义。

巴黎圣母院

是一座位于法国巴黎市中心、西堤岛上的教堂建筑，也是天主教巴黎总教区的主教座堂。圣母院建造于1163年到1250年间，属哥特式建筑形式，是法兰西岛地区的哥特式教堂群里面，非常具有关键代表意义的一座。始建于1163年，是巴黎大主教莫里斯·德·苏利决定兴建的，整座教堂在1345年全部建成，历时180多年。另有小说，电影，音乐剧等以此为名。

我 的 未 来 不 是 梦

■ 德国，不止冬天才有童话

在艾米尔·路德维希所撰写的《歌德传》中，关于歌德与席勒的友谊，有这样一段话："歌德不倦地关怀着席勒。他为他在魏玛租赁和布置了一所住宅，他为他挑选壁纸，夏天的时候就问他冬天要储多少劈柴。他把自己的那所带花园的小房子让给他一住就是好几个月，还给他和他妻子在宫廷中布置了一间屋子，借给他钱，把他的儿子领到自己身边来……"

歌德就是这样无私的为席勒奉献着自己的心和智慧。

歌德和席勒的友谊是很不平凡的。

1788 年 9 月，席勒和歌德第一次见面，互相之间存在着陌生感，席勒觉得歌德"高高在上"，不太好接近。一晃六年过去了，1894 年的 7 月，耶那大自然爱好者协会开会，歌德和席勒都参加了会议，在这次会议上，二人再次相遇，交谈得十分融洽。

事后，在歌德写给席勒的一封信中，他说："在这次意想不到的会见之后，应当汇合在一起……我一直珍视您所写过和做过的一切，高度评价其中表现出的纯正而又罕见的严肃性。如今我又可以指望从您本人那里了解您特别是近些年来的精神发展……眼下，当我们各自间解释清楚，两个人已经走到一个什么地方，我们就可以更加顺畅无阻的一道工作。"

席勒和歌德合办了一本杂志，叫《季候女神》。这本杂志主要刊发理论文章，如风俗研究、哲学研究等。他们两个人针对文学界的浅薄、无聊和落后，展开了无情的批判。他们的生活和工作习惯不同——席勒因身体不好,基本上是足不出户,歌德喜欢户外运动,骑马,滑冰样样精通。他时常走到席勒的房间,双手推开他的窗子,把"烂苹果的气味"放出去——但,他们的合作是无可挑剔的。常常是这样,他们一个人构思写稿,另一个润色修改,然后再发表出去。那些被攻击到痛处的文艺家们哇哇哇乱叫,气得几乎疯狂。他们还互相勉励,写一些叙事歌谣,题材有的取自古代,有的取自中世纪。这些深入浅出的英雄故事深受百姓欢迎。

最值得欣慰和称道的是,在他们二人共同合作,彼此帮助之下,各自完成了他们的重要作品。歌德完成了《威廉·麦斯特的学习年代和漫游年代》和《浮士德》第一部;席勒完成了《华伦斯论》和戏剧《威廉·退尔》等。《威廉·退尔》是一部历史剧,剧中主角威廉·退尔是瑞士13世纪传说中的英雄,歌德在瑞士旅行时,听到一些关于他的传说,便想写一首叙事诗。当他把这些传说讲给席勒时,席勒十分激动,一向勤于笔耕的他很快把这些素材写成剧本,表达了自己爱自由、爱祖国的思想。读到朋友的剧本,歌德十分高兴,他放弃了写叙事诗的计划,全力支持席勒,让剧本变得更加完善。

二百多年过去了,歌德与席勒的友谊一直被后人称颂。席勒比歌德小10岁,却比歌德早逝。在席勒去世后二十年时间里,歌德一个人品尝着孤独的怀念。这份怀念,每一个人都可以感知!

如果让我们回望19世纪德国文坛,还有一个人的名字不容忘记,那就是海涅。海涅一生交友极多,但对他影响最大的当属马克思。

1843年10月,马克思受德国政府的迫害,侨居巴黎。这一年的12月,和海涅相识。当时,海涅已经46岁了,而马克斯只有25岁。共同的志趣让二人很快成为朋友。曾有一段时间,海涅天天和马克思、燕妮见面,向他们朗诵自己的新作,虚心地征求他们的意见。马克思虽然年轻,但思想深邃,他非常关注海涅的创作,经常和他一同修改诗作。一首八行的小诗,他们反复修改多遍,一字一句地推敲,直至完美。正是由于马克思的帮助,海涅创作出了最优秀的政治诗歌。其中,声援1844年德国西里西亚组织工人起义的《西里西亚的纺织工人》一诗,最为著名。

> 梭子在飞,织机在响,
>
> 我们纺织着,日夜匆忙——
>
> 老德意志,我们织你的尸布,
>
> 我们织进去三重诅咒,
>
> 我们织,我们织!

节奏鲜明,铿锵有力,这黑暗中发出的呐喊,犹如一道闪亮,划亮了德国漆黑的夜空,让苦难的人民看到了希望。

1844年,海涅创作了长诗《德国,一个冬天的童话》,这首诗旗帜鲜明地对当时的封建制度、基督教会和普鲁士王国发起了猛烈的进攻,热烈地高声地唱出了他对祖国和世界美好未来的信念和希望。

可以说,海涅的重要成就都是和马克思的影响分不开的。

1845年,法国政府根据普鲁士政府的要求,驱逐马克思离境。在离开巴黎前夕,他给海涅留下一封热情洋溢的信,在信中,他说:

"亲爱的朋友:我希望明天还有和您见面的时间,我在星期一动身。……在我要离别的人当中,跟海涅的别离对我是最难受的。我很想把您一块儿带走。"

从这几句话里,我们不难看出二人之间友谊多么的密切,多么的真挚!

离开巴黎后,马克思依然给海涅写信,要他一起办杂志,并把自己的著作《神圣家族》的样本寄给他,询问他的生活工作情况,并一直关心着他的健康。

马克思的关心和帮助,使海涅更加地成熟起来。

海涅称颂马克思和恩格斯,"他们无疑地是德国最能干的头脑,毅力最充沛的人物。"

> 一首新的歌,更好的歌,

啊朋友,我要为你们创作!

我们已经要在大地上

建立起天上的王国。

——德国是一个盛产童话的国度,但这些真实的生活,有时比童话更迷人,更透明,更温暖,更美丽!

逐梦箴言

伟大的友谊必然催生出伟大的作品——只要这种友谊建立在真诚、无私、奉献、理解的基础之上!

知识链接

《浮士德》

歌德的代表作,一部长达 12111 行的诗剧,第一部 25 场,不分幕。第二部分 5 幕,27 场。全剧没有首尾连贯的情节,而是以浮士德思想的发展变化为线索。这部不朽的诗剧,以德国民间传说为题材,以文艺复兴以来的德国和欧洲社会为背景,写一个新兴资产阶级先进知识分子不满现实、竭力探索人生意义和社会理想的生活道路。是一部现实主义和浪漫主义结合得十分完好的诗剧。浮士德是德国传说中的一位著名人物,相传可能是占星师或是巫师,他为换取知识而将灵魂出卖给魔鬼。许多文学、音乐、歌剧或电影都是以这个故事为版本加以改编的。

《德国,一个冬天的童话》

海涅重要的政治讽刺诗,是他于 1843 年 10 月回家看望母亲时所写。当时他看见整个德国的统治如同冬天一样冰冷

我的未来不是梦

而有感而发。当诗人踏上故土,听到弹竖琴的姑娘在弹唱古老的《断念歌》和《催眠曲》时,感到这些陈词滥调与自己的思想感情格格不入。于是,诗人立即唱出一支新的歌,表达了他要在大地上建立"天上王国"的理想:人人都过着幸福的生活,"大地上有足够的面包、玫瑰、常青藤、美和欢乐"。

海涅

■ 青天里太阳和月亮走碰了头

天宝三年,也就是公元 744 年,春夏之交,中国历史上最为著名的两位诗人在洛阳见面了。李白,44 岁,在长安遭到排挤,被唐玄宗"赐金还山",他表面平静,内心痛苦,一路愤懑地来到洛阳;杜甫,33 岁,刚刚结束"放荡齐赵间,裘马颇轻狂"的漫游生活,由山东回到洛阳阳首山下,修筑几间"土室",研磨诗句。

此时,李白已名满天下,大量的诗作被世人传诵。杜甫对他十分仰慕,很想结交这位性格豪爽、襟怀坦荡的大诗人。说来也巧,这一天,李白去龙门游览,竟与杜甫相遇在奉先寺。经人介绍二人相识,彼此都感觉相见恨晚。针对李白来讲,杜甫尚属"晚辈",但是,他的"会当凌绝顶,一览众山小"已可见端倪,诗歌创作前景不可估量。

李白豪迈热情,狂放不羁,健谈嗜酒,杜甫则"性豪业嗜酒,嫉恶怀刚肠",共同的志向,共同的爱好,共同的趣味,共同的认知,让他们一见变成至交。他们一同喝酒,一同作诗,一同讨论,一同游览,取长补短,以诚相待,享受了一段浪漫而美好的时光。

可惜,这段时光太过于短暂了。

李白在洛阳住了一段日子之后,打算去汴州看望自己的叔祖父陈留采访使李彦允。

临别前,他对杜甫说:"洛阳一见,相谈甚欢,今日一别,不知何年再见?"

杜甫说："我在洛阳已经住了很久了，正打算去梁守旅行。你拜见采访使之后，我便去会你，到时候咱们结伴而游，你看如何？"

"好啊好啊，"李白拍手称快，"那我就在汴州等你。"

杜甫的母亲去世早，他从小就在洛阳的姑母家长大。李白来洛阳前，他曾在外漫游了十年，这次回来，完成大婚，在洛阳一住就是两年多，他很羡慕李白能毅然抛弃富贵生活，放浪自己在山林之中，与自然同乐。所以，听说李白要走，便生出随他同游的想法。

李白先行到了汴州，在叔祖父家住了一些日子，等到杜甫一来，他们就一同住到客栈里去了。

汴州，战国时期叫大梁，是魏国的国都。秦始皇统一中国之时，为了攻破魏国的防御，从黄河引水，淹没了这座城池。一直到南北朝时期，汴州才又逐渐发展起来，等到了唐代，由于大运河的开通，这个位于汴河边上的城市，又变得繁华起来。

这一天，杜甫和李白乘一叶轻舟，北渡黄河，登上了道教的圣地王屋山。王屋山上住着一个有名的道士华盖君，李白和杜甫很想拜见他。谁知华盖君已经仙逝，只遇见了华盖君的几个弟子，且道观破败，一片狼藉，惹人伤感，大感遗憾。

回到黄河南岸，二人进入一家酒楼饮酒，正感慨寻仙不遇，却听到旁边桌子的客人吟诗，"男儿本自重横行，天子非常赐颜色。"

李白对杜甫说："这是著名边塞诗人高适的《燕歌行》中的名句，难道他是高适不成？"

杜甫起身去问，果然是高适。三个人互通姓名之后，皆大喜过望，不但同桌畅饮，饮罢高适竟也搬到李白和杜甫住的客栈同住了。

正是秋天，三颗诗星同登吹台，吟诵诗句，把酒临风，十分惬意。吹台位于汴州东南部，是一个高大的土台子。据说，中国古代的大音乐家师旷，曾在此吹奏过乐曲，所以后人便把这里称为吹台。吹台四周，景色宜人，三位诗人面对广阔的原野，畅谈古今，怀想万分。游完吹台，又游守州的梁孝王平台，还游了单父的芷子贱琴台，不但如此，他们还一起在孟诸打了一次猎,驰骋草泽,呼鹰逐兔,乘秋风弯弓搭箭,临大泽引吭高歌,痛痛快快地游历一番之后,三人才依依不舍地分手。

高适独自往楚漫游,李白回任城家中探望妻小,杜甫内心惆怅,期望与他们早日重逢。

天宝四年,也就是745年的秋天,杜甫来到衮州,李白也从任城来到衮州,与杜甫会合。他们一同去拜访李白的好友范十,想沾一沾这位隐于山野的"野人"的仙气。由于二人贪看景色,途中竟然迷路,李白一脚踏空,跌到苍耳丛中,衣服划破了不说,还挂满了苍耳的种子。

范十的住处富有乡村气息,十分的闲适安静,院子后边长了不少酸枣,东边的篱笆上结了很多的寒瓜。见到李白和杜甫,范十特别高兴,他拿出自己种的秋菜,还有特意从山上采来的霜梨,吃食简单,但三人饮酒甚欢,酒酣耳热之际,慨然高歌,纵观诗文,无所顾忌。

李白说:"还倾四五酌,自咏《猛虎词》。"

杜甫说:"醉眼秋黄被,携手日同行。"

范十听着如此佳句,不由开怀大笑。

离开范十家,他们一同游览了石门山。在石门山的山脚下,二人惜别。李白为杜甫写了一首诗,给他践行:

> 醉别复几日,登临遍池台。
>
> 何时石门路,重有金樽开?
>
> 秋波落泗水,海色明狙来。
>
> 飞蓬各自远,且尽手中杯。

石门一别,李白杜甫天各一方,就再也没有重见。

逐梦箴言

　　李白与杜甫之间的友谊体现了美好的品德和情操，打破了"文人相轻，自古而然"的不良风气和传统，树立了文人之间相互尊重，相互帮扶，相互关心，相互爱护的典范。这种典范在现今社会意义更大——任何个体的成功都是不存在的，任何一个成功者，在他的背后，都有无数双高擎的巨手。

知识链接

《春日忆李白》 杜甫
白也诗无敌，飘然思不群。
清新庾开府，俊逸鲍参军。
渭北春天树，江东日暮云。
何时一樽酒，重与细论文。

《沙丘城下寄杜甫》 李白
我来竟何事？高卧沙丘城。
城边有古树，日夕连秋声。
鲁酒不可醉，齐歌空复情。
思君若汶水，浩荡寄南征。

这段友谊不比寻常

1987 年 11 月 5 日,冬日的北京略显沉闷。

早晨八点,冰心老人正在休息,家里的电话急促地响起,打电话的是梁实秋的女儿梁文茜。冰心暗想:文茜一定是通报父亲要回大陆的具体事宜,分别四十余载的老朋友终于可以见面。哪料到,接起电话的一刻,那边传来的声音低缓而哀痛。梁文茜告诉冰心,父亲前天过世了,走的时候没有痛苦,请阿姨不要难过。

电话这端的冰心,一时无语。

仅仅几十个小时前,文茜对她说:"父亲很想念故旧与故土,想回北京看看。可是,这刚刚燃烧起来的希望,转瞬之间就被无情的噩耗摧毁了。

伤心不已的冰心,不顾年迈体衰,提笔写下了《悼念梁实秋先生》;几天之后,依然不能抑制悲伤,再次写下了《忆实秋》。

她说:"我们之间的友谊,应该开始于上世纪 20 年代初。那时,冰心初登文坛,崭露头角,因其文风清新流畅,很快受到同行和读者的瞩目。有一天,《晨报副刊》的编辑登门求稿,不巧的是冰心手头并无新作,可是,《晨报副刊》是她的'文学摇篮',她不好断然拒绝,于是,便把自己平日里有感而发的'断章'交给编辑,看看能不能要。"

这是一些怎样的文字呢?

冰心为它们定名《繁星》,定义是"小杂感一类的东西"。

从 1922 年的元旦开始,《繁星》陆续在《晨报副刊》发表,仅十几天的时间,令报社和冰心都没有想到的是,在读者之间竟产生了强烈的反响。报社和冰心本人不断地接到读者的来信和电话,热切地表达他们对这些文字的喜爱之情。冰心受到鼓舞,便由 1922 年 3 月起,又创作了《春水》。

《繁星》和《春水》如一股春风,给文坛带来别样的温暖和馨香。

周作人、宗白华等人都对其赞美有加。

就在大家都在为冰心喝彩的时候,正在清华读书的梁实秋发出了不同的声音。1923 年,他在《创造周报》第十二期上发表了题为《繁星与春水》的评论文章。在文章中,他称颂冰心是天才女作家,肯定了她在小说创作方面的才能和成就,但对冰心的诗歌却提出了批评:"我从《繁星》与《春水》里认识的冰心女士,是一位零度以下的女作家。"他认为冰心的诗歌过于理智,近乎散文,而非韵文,并预言"冰心女士只是当代的小说作者之一,而在诗的花园里恐怕难于长成葳蕤的花丛,难以结出硕大果实。"

梁实秋的批评激起了文坛的涟漪,但冰心本人对此并未作出任何的回应。

梁实秋看出了冰心诗中的某些缺憾,但未能悟透这些小诗的独特之处,更未能认知这些作品对中国小诗运动的发展的推动作用。多年之后,梁实秋承认了自己的偏颇,承认自己当时对冰心的批评是"很保守"的。

也是这一年,梁实秋和冰心同乘一条船"杰克逊号"前往美国留学。梁实秋入读科罗拉多大学,而冰心刚受美国威尔斯利女子大学两年奖学金的资助,到该校攻读文学硕士学位。

在船上,经许地山介绍,二人相识。

梁实秋问冰心:"您到美国修习什么?"

冰心回答:"文学。"之后,问梁实秋:"您呢?修习什么?"

梁实秋答:"文学批评。"

谈话至此,场面颇有些尴尬。

在以后的日子里,梁实秋总能看到冰心,拿着纸和笔,在甲板上走来走去,时而远眺,时而沉思,时而记录着什么。海上日长,梁实秋他们张罗着要办一张壁报,于是他借机向冰心介绍壁报之事,向她约稿,并就几个月前的批评文章作出了道歉。

他诚恳地对冰心说："我写过一篇批评你的文章,应该向你道歉。"

冰心说："有什么可道歉的?对于文学创作,每个人都可以有自己的看法。别人怎么批评我写的东西,我是不在意的……"

从这一番话中,梁实秋认识到了冰心是一个性情温和,掌握分寸,谈吐不俗的女作家,对她的好感油然而生。又不久,在一次《海啸》的编辑会后,梁实秋向冰心谈起自己与女朋友分手时,曾大哭了一场,如今去国离家,不知何时相聚,思念之情溢于言表。梁实秋的真挚和坦白让冰心惊讶,同时,也为他对自己的信任而深深感动。

由"批评"事儿起,到海上同行,梁实秋和冰心之间长达半个多世纪的友谊开始了。在美国,他们一起演《琵琶记》;冰心和吴文藻结婚,梁实秋和闻一多一同去贺喜;"七七事变"后,他们在重庆见面,一个住"雅舍",一个住"隐庐",互相关照,互相鼓励,一直到抗日胜利……

1949 年,中华人民共和国成立,冰心由日本回到祖国,梁实秋则携夫人和次女去了台湾,从此隔海相望,再未见面。

人虽未见面,但挂念是时时萦绕于胸的。

1951 年,冰心从日本回到北京。这时,台湾有谣传说,"冰心夫妇受中共的迫害,双双自杀"。梁实秋听到这一消息,悲痛万分,写了情真意切的哀悼文章《忆冰心》,对冰心的"一生"给予高度的评价。

1985 年,中国友谊出版公司出版梁实秋的散文集《雅舍怀旧——忆故知》时,请冰心为集子写序。85 岁的冰心看到集子中"悼念"自己的文章,感慨万千,她欣然提笔,写出了自己真心话:"我希望实秋回来看看,看看我们两个的实际生活, 看看他自己的儿女和我们儿女工作和生活的精神面貌。"

……

梁实秋与冰心的友谊堪称人间佳话!

冰心在《悼念梁实秋先生》中最后写道:"实秋,你还是幸福的,被人悼念总比写悼念别人的文章的人,少流一些眼泪,不是么? "

三十多年前,梁实秋悼念冰心的时候,也应是这样的一番心情?!

由"批评"而成挚友,一生牵挂,一生珍念,这是怎样的人生境界?凡成就大事者,必胸怀坦荡,胸襟开阔,文字亦然,文学亦然!孔子曰:"君子坦荡荡。"尽在于此。

知识链接

《繁星》

是冰心的第一部诗集,由 164 首小诗组成,发表于北京的《晨报》。冰心一生信奉"爱的哲学",她认为"有了爱,便有了一切"。在《繁星》里,她不断唱出爱的赞歌。她最热衷于赞颂的,是母爱。除了挚爱自己的双亲外,冰心也很珍重手足之情。她爱自己的三个弟弟。她在后来写作的一篇散文《寄小读者》里,还把三个弟弟比喻成三颗明亮的星星。冰心赞颂母爱,赞颂人类之爱,赞颂童心,同时她也赞颂大自然,尤其是赞颂她在童年时代就很熟悉的大海。歌颂大自然,歌颂童心,歌颂母爱,成为冰心终生创作的永恒主题。

梁实秋

号均默,原名梁治华,字实秋,笔名子佳、秋郎、程淑等,1903 年出生于北京,祖籍浙江余杭县。中国现代文学史上著名的散文家、学者、文学批评家、翻译家,国内第一个研究莎士比亚的权威,曾与鲁迅等左翼作家笔战不断。一生给中国文坛留下了两千多万字的著作,其散文集创造了中国现代散文著作出版的最高纪录。代表作《雅舍小品》、《英国文学史》等,出版过《浪漫的与古典的》和《文学的纪律》两本文艺批评专著。1987 年逝世。他的文艺思想主要集中体现在以下几个方面:1.文学根基于人性。2.文学家必须保持自由的人格。3.提倡文学的节制与理性,用理性和节制作为衡量文学作品优劣的一种标准。

■ 在三段悼词中飞升的凤凰

"鲁迅与我相得者二次,疏离者二次,其即其离,皆出自然,非吾与鲁迅有轻轩于其间也。吾始终敬鲁迅;鲁迅顾我,我喜其相知,鲁迅弃我,我亦无悔。大凡以所见相左相同,而为离合之迹,绝无私人意气存焉。我请鲁迅至厦门大学,遭同事摆布追逐,至三易其厨,吾尝见鲁迅开罐头在火酒炉上以火腿煮水度日。是吾失地主之谊,而鲁迅对我绝无怨言,是鲁迅之知我。

"鲁迅与其称为文人,无如号为战士。战士者何? 顶盔披甲,持矛把盾交锋以为乐。不交锋则不乐,不披甲则不乐,即使无锋可交,无矛可持,拾一石子投狗,偶中,亦快然于胸中,此鲁迅之一副活形也。德国诗人海涅语人曰,我死时,棺中放一剑,勿放笔。是足以语鲁迅。

"鲁迅所持非丈二长矛,亦非青龙大刀,乃炼钢宝剑,名宇宙锋。是剑也,斩石如绵,其锋不挫,刺人杀狗,骨骼尽解。于是鲁迅把玩不释,以为嬉乐,东砍西刨,情不自已,与绍兴学童的一把洋刀戏刻书案情形,正复相同,故鲁迅有时或类鲁智深。故鲁迅所杀,猛士劲敌有之,僧丐无赖,鸡狗牛蛇亦有之。鲁迅终不以天下英雄死尽,宝剑无用武之地而悲。路见疯犬、癞犬、及守家犬,挥剑一砍,提狗头归,而饮绍兴,名为下酒。此又鲁迅之一副活形也。"

"十九日的正午,我从一个报馆里的朋友打来的电话中,得知了鲁迅先生的噩耗，这在我心头撒下了一种成分十分复杂的痛苦。昏昏沉沉中，跑来跑去的将这消息转告许多朋友，跑了半天，回家以后，提起笔来，先在纸上写了十六个字！

"敌乎，友乎？余惟自问。知我，罪我——公已无言。

"然后买来了几尺白布，将这些文字写上去算是挽联。

"我在我和鲁迅先生的私人关系上所感觉到的哀痛，总算是寄托在这十六个字之中了。次日上午九时，我到万国殡仪馆去瞻仰先生的遗体。看了那依然严肃、正直、强毅的遗容以及纷至沓来的瞻仰者，我总感到先生虽然已经'无言'，但是他的永留在中国大众身上的影响，就是此后'知我、罪我'的代言者！先生的生前，虽然发言行事，不无看错的时候，但即使是错误，也从一种十分纯正的立场出发，绝没有卑劣的动机。他观察人物、判别友敌，纵然不一定正确，但他那爱护战友、憎恨敌人的坚强的伟大精神，是一贯的。

"先生的谢世，损失是多方面的，譬如久在计划中的中国文学史的未及编成，就是中国学术界的大不幸之一。但先生早已想到，一切的损失，只有后辈的努力可以补救，所以他在遗嘱中特别叫我们各自努力自己的生活和工作。"

"真是晴天霹雳，在南台的宴会席上，忽而听到了鲁迅的死！

"发出了几通电报，荟萃了一夜的行李，第二天我就匆匆跳上了开往上海的轮船。

"二十二日上午十时船靠了岸，到家洗了一个澡，吞了两口饭，跑到胶州路万国殡仪馆去，遇见的只是真诚的脸，热烈的脸，和千千万万将要破裂的青年男女的心肺与紧捏的拳头。

"这不是寻常的丧事，这也不是沉郁的悲哀，这正像是大地震要来，或黎明将到时充塞在天地之间的一瞬间的寂静。

"生死，肉体，灵魂，眼泪，悲叹，这些问题与感受，在此地似乎太渺小了，在鲁迅的死的彼岸，还照耀着一道更伟大，更猛烈的寂光。

"没有伟大的人物出现的民族,是世界上最可怜的生物之群;有了伟大的人物,而不知拥护、爱戴、崇仰的国家,是没有希望的奴隶之邦。因鲁迅的一死,使人自觉出了民族的尚可以有为,也因为鲁迅之一死,使人家看出了中国还是奴隶性很浓厚的半绝望的国家。

"鲁迅的灵枢,在夜阴里被埋入浅土中去了;西天角却出现了一片微红的新月。"

——这三段辞的作者分别是林语堂、徐懋庸和郁达夫。有了这三段文字,一切对鲁迅说三道四的人应该保持沉默!

逐梦箴言

任何人都有弱点,捉住弱点欲掩人光辉的人,"任何人"的弱点都足以反观给他!对他来说,那将是多么的尴尬和无耻。

知识链接

鲁迅先生在《死》一文中的文字

一、不得因为丧事,收受任何人的一文钱。——但老朋友的,不在此例。

二、赶快收敛,埋掉,拉倒。

三、不要做任何关于纪念的事情。

四、忘记我,管自己生活。——倘不,那就真是糊涂虫。

五、孩子长大,倘无才能,可寻点小事情过活,万不可去做空头文学家或美术家。

六、别人应许你的事物,不可当真。

七、损着别人的牙眼,却反对报复,主张宽容的人,万勿和他接近。

智慧心语

1.友谊总需要用忠诚去播种,用热情去灌溉,用原则去培养,用谅解去护理。

——马克思

2.只有不丧失普通劳动者的感觉,我们才有可能把握社会的历史性进程的主流,才能创造出有价值的东西。

——雨果

3. 在一切创造物中间没有比人的心灵更美、更好的东西了。

——海涅

4.谁要游戏人生,他就一事无成,谁不能主宰自己,永远是一个奴隶。

——歌德

5.修养的花儿在寂静中开过去了,成功的果子便要在光明里结实。

——冰心

第六章

让我们目睹春天的花与叶

屠格涅夫说:"没有平等就没有爱情。"别林斯基说:"爱情是两颗心的默契。"泰戈尔说:"爱情呀!当你提着痛苦的灯走来时,我看见了你的脸,并以你为幸福。"爱情,是历代作家涉猎颇多的题材之一,而作家本人的爱情,也是读者最为关心的"故事"。

屠格涅夫

■ 那么强烈的,是我的爱

鲁迅说:"这是一件母亲送给我的礼物,我只能好好供养。"

关于鲁迅和朱安的旧式婚姻的无奈和痛苦,我们不说也罢。

这里想说的是鲁迅与许广平的爱情。

许广平是广东番禺人,幼名叫霞姑,出生于一个败落的封建官僚大家庭, 来到人世的第三天就被喝醉酒的父亲儿戏一般许给一个马姓劣绅的儿子,稀里糊涂地定下了终身。算命先生说她"命硬",会"尅父母",所以,家人并不喜欢她。也许就是因为如此,她幼小的心灵早早地播下了反叛的种子。少女时期,公开反对自己的不合理的亲事,并巧妙斗争,为自己争取到了读书的机会。

19 岁时,父亲去世,许广平在二哥的帮助下解除了与马家的婚约,跟随二哥北上,考入天津的直隶第一女子师范学校预科就读。

1922 年,许广平从天津女师毕业,又考入国立北京女子高等师范学校继续深造。24 岁的她入学不久,便有了初恋。不幸的是,她初恋的男友因患腥红热不幸去世。这使许广平的内心感到极大的悲痛。

可以说,是鲁迅的出现,为许广平的生活增添了热烈的色彩,让她阴霾的内心再度发出了光亮。

1923 年 10 月 13 日,星期六。

这个日子,许广平记得非常清楚。

著名作家鲁迅要来给她们讲《中国小说史》,大家早早地来到教室,争睹这位文学大师的风采。上课铃响了，鲁迅在一群学生的簇拥下走进教室。他的脸上带着微笑，稳健地走上讲台。他站定之后，从从容容地打开一个日式红底黑格的花纹布包，取出讲义放在桌子上，然后用亲切的、温和的目光环视了一下教室。他的课实在太精彩了，旁征博引，风趣幽默，特有的绍兴口音不时引起同学们开怀的笑声。

许广平被深深地感染了。

一年多的接触，课上和课下的交流，让许广平近距离地看到了鲁迅身上散发出来的光和热。他的针砭时政，他的扬善击恶，他的深邃博大，他的睿智善思，这一切都给处于人生困惑中的许广平带来了信心和希望。

1925年3月11日，许广平给鲁迅——自己最可信赖的老师写了一封信。这是他们之间的第一次通信。信中说："他有许多怀疑而愤懑不平的久蓄于中的话，这时许是按抑不住了罢，所以向先生陈诉……"

许广平向鲁迅请教了关于学潮的问题，并倾吐了自己内心的苦闷，面对着"情形是一天天的恶化了"，她渴求先生给"一个真切的明白的指引"。

信的落款是："受教的小学生许广平"。

信写完了，又意犹未尽似的，想了想，补上——"他虽则被人视为学生二字上应加一'女'字，但是他之不敢以小姐自居，也如先生之不以老爷自命，因为他实在不配居小姐的身份地位，请先生不要怀疑，一笑。"

接到许广平的信，鲁迅并未惊疑，因为，这几多年来，他接到的学生的信实在太多了。他展读许广平的信，觉得这是一个胸怀大志又活泼倔犟的女生，不由得对号入座了那个每次上课都坐第一排、梳齐耳短发聚精会神的学生，是了，一定是她。

鲁迅伏案于灯下，给许广平写了第一封回信。

信的开头，他称许广平为"广平兄"。

在信里，他对许广平的问题作了详尽的答复，关于战斗他特意强调："我是并不挺身而出的，我不劝别人牺牲什么之类就为此。"他还讲："中国多暗箭，挺身而出的勇士容易丧命，这种战法是必需的罢。但恐怕也有时会遇到短兵相接不可的，这时候，没有法子，就短兵相接。"

112

一个月的时间里,他们通了 11 封信!

见面是难免的了。

1925 年 4 月 12 日,星期日。许广平约了同班好友林卓风,一起去拜望鲁迅。鲁迅的家居生活是简朴的,像他的为人一样。他住的屋子很小,除了桌子、椅子、床之外,到处是书,所以,两个女学生一进门,这屋子就显得拥挤。许广平似乎有一种不可名状的烦恼,为了自己那无法安定的心思。

她在鲁迅的院子里,看到了《秋夜》里说到的那两棵枣树。不知为什么,眼前幻化的都是鲁迅孤独的身影,在暗夜之中,在枣树的阴影里。

在这以后的通信里,许广平对鲁迅的关心之情愈加明显。

"当照医生所说:1.戒多饮酒。2.请少吸烟。"这类语言亦多起来。

1925 年 5 月 30 日,又是一个周末,许广平独往鲁迅住处探望,竟在他的褥子下面发现了一把明晃晃的尖刀,心头不觉一振,想起鲁迅信中常有的话——"诅咒人间苦"、"嫌恶死的","死是必然的","虽是尽头也不悲哀"等等,不由生出不好的念头。一时间,心乱如麻,坐卧不安,留了一张纸条,匆匆地回去。

鲁迅外出回来后,看了许广平的留言,当即复信,长长地写了几页。

许广平很快复信,说:"然而即使要'捣乱',也还是设法多住些时好,褥子下明晃晃的钢刀,用以克敌防身是妙的,倘用以……似乎……小鬼不乐闻了!"

"小鬼"是鲁迅在他们通信不久时叫出来的,两个字里有亲切,又有温情。

1925 年夏,军阀政府镇压女师大学生运动,激起进步学生的强烈反抗。鲁迅当然是站在学生一边,支持她们的一切行动。许广平是学生运动的骨干,每一次的战斗她都站在最前列,反动当局对她又气又恨,调动军警进入校园,殴打并囚禁学生。许广平的人身安全受到威胁。得知这一情况,鲁迅十分焦急。他挺身而出,托人转告许广平,"到我这里,不怕。"

许广平秘密躲进鲁迅家里不久,反动军警闻风而至,要搜查鲁迅的住处。鲁迅毫无惧色,堵在门口,严辞力争,喝退军警,确保了许广平的安全。

我的未来不是梦

这之后,许广平被学校开除。

鲁迅也被军阀政府教育部以支持学生风潮的罪名免职。

"逆境见真情,患难恩爱深。"经此事变,鲁迅和许广平的关系明确,公开了,他们彼此真心地相爱了。

许广平在《<鲁迅年谱>经过》一文中曾写道:"我们以为两性生活,是除了当事人之外,没有任何方面可以束缚,而彼此间在情投意合,以同志一样相待,相亲相敬,互相信任,就不必有任何的俗套。"

——这正是她和鲁迅的爱情的写照!

逐梦箴言

暴风雨中结下的情感总胜过花前月下的盟约吧,共同的追求,相同的志向,是爱情发展与升华的基石,亦是爱情坚定稳固的必然条件!去爱吧,如果这爱能让你冲破风雨,迎接彩虹,那还犹豫什么!

知识链接

《自题小像》 鲁迅

灵台无计逃神矢,风雨如磐暗故园。

寄意寒星荃不察,我以我血荐轩辕。

■ 这件事无疑是成功的

多年前,巴黎美丽的夏天,一男一女在林阴蓊郁的大街上走着、谈着,甚为欢畅。男的个子矮,结实,戴一副眼镜,右眼受过伤,但他总是在笑。女的个子高,身材瘦长。男的名叫萨特,女的是波伏瓦。他们永远也忘不了初次相遇的情景——那是星期一,复活节假日之后的第一天。

让·保罗·萨特和西蒙娜·德·波伏瓦,是 20 世纪法国最伟大的思想家、哲学家和大作家,法国无神论存在主义的主要代表人物。今天,他们的名字早已远播全球,成为最有影响的人物之一,尤其是他们富有传奇色彩的一生,更是人们谈论的焦点。

萨特一直把波伏瓦视为智力水准上最理想的对话者,其成名作存在主义小说《恶心》和哲学巨著《存在与虚无》,都是献给波伏瓦的。波伏瓦一生也写了许多作品。法国前总统希拉克在一次讲演中,曾这样评价说:"波伏瓦介入文学,代表了某种思想运动,在一个时期标志着我们社会的特点。"

萨特出生于巴黎一个海军军官家庭,幼年丧父,从小寄居外祖父家。父亲是位海军军官,在萨特 15 个月大的时候,在印度死于热病。自此,萨特成了单亲孩子,家庭陷入相当艰难的境地,而他又因为身材矮小,其貌不扬,被大家耻笑为"小个子"。但这些生活的压力并没有让他产生任何自卑的心理,相反激发了顽强的斗志,萨特暗暗发誓:自己并不比任何人差,将来一定要出人头地,证明给那些嘲笑他的人看看!

上天给了萨特非同寻常的天赋,4岁时他就能流利地读书;导致5岁时,过早地戴上了近视眼镜;6岁开始,他已经能阅读高乃依、伏尔泰和雨果等文学大师的作品,甚至还读很艰深的《包法利夫人》。看到儿子如此喜爱读书,母亲再苦再累也是高兴的。她鼓励萨特试着写读书笔记,并把这个习惯坚持下去。于是,10岁的萨特正式踏出文学之路的第一步,从读书笔记开始,接着才思泉涌,写了故事、诗歌、随笔、警句、双关语、民谣和一部小说。

中学时代,他开始接触柏格森、叔本华、尼采等人的著作,并立下绝无仅有的人生目标——"我要同时成为斯宾诺莎和司汤达。"也就是说,既要当一名一流的哲学家,也要当一名一流的文学家。人们笑他年少太痴狂,根本不知道天高地厚;但萨特并不在意那些非议。为了自己的梦想,执著努力着,终于在19岁时考入巴黎大学师范学院,主修哲学。

几年后,萨特获大中学校哲学教师资格,随后在中学任教。1933年,赴德国柏林法兰西学院进修哲学,接受胡塞尔现象学和海德格尔存在主义。回国后继续在中学任教,陆续发表他的第一批哲学著作《胡塞尔现象学的一个基本概念:意向性》、《论想象》、《自我的超越性》、《情绪理论初探》等。

第二次世界大战爆发时,法英对德宣战,法国阿尔萨斯前线已是剑拔弩张,萨特被应征入伍。1940年年初,他被俘虏。但是战乱并没有让萨特放弃梦想,人们经常看到法军兵营里,一个30多岁的士兵埋头在笔记本里,写啊,写啊,周围的世界似乎不存在。为了节省当时十分宝贵的纸张,笔记本上记得密密麻麻,竟找不到一公分的空隙。这位士兵——就是萨特。

一年的前线生涯,萨特有了15本这样涂满墨迹的本子。这些文字后来以《笔记本》为名发表,有600页之多。从内容来看,笔记里有随想,有哲学思辩,有小说梗概,有剧情构想,可以说是五花八门,毫无限制。正是凭借这种"写作狂"的精神,他才得以成为法国文坛泰斗,其哲学巨著《存在与虚无》的出版,奠定了无神论存在主义哲学体系。

　　巴黎被德军占领时，萨特喜欢去一家咖啡馆写作。他每天早上9点到咖啡馆，奋笔疾书，直至中午出去吃饭和休息后，下午2点又回咖啡馆，继续工作到晚上8点。他的存在主义哲学实际上是在咖啡馆定型的。据说，那家咖啡馆的氛围，特别适应他无法收敛的思绪和无法叫停的笔耕。咖啡馆叫"花之咖啡馆"，坐落在圣·日耳曼大街的一个路口上。作为存在主义的发源地，现已成为巴黎的景点之一。

　　萨特把深刻的哲理带进小说和戏剧创作，他的中篇《恶心》、短篇集《墙》、长篇《自由之路》，早已被承认为法国当代文学名著。他的戏剧创作成就高于小说，一生创作9个剧本，其中《苍蝇》《间隔》等，在法国当代戏剧中占有重要地位。

　　波伏瓦比萨特小三岁，出生于巴黎比较守旧的富裕家庭。她的父母均是天主教徒，但她从小拒绝父母对事业和婚姻的安排，具有很强的独立性。第一次世界大战期间，父亲的工作受到影响，全家生活陷入困顿。因此可以说，她的少女时代是在枯燥闭锁的环境中度过的。

　　波伏瓦酷爱读书，性格沉稳，14岁时突然对神失去了虔诚的信仰。波伏瓦生活和创作的核心，建立在令人惊骇的反叛性上。波伏瓦思维明晰、意志坚强，具有旺盛的生命力和强烈的好奇心。当她还是名不见经传的穷教师时就开始写作，决心成为名作家。由此她终身不断努力，沿着成功之路勇往直前，终于成为20世纪思想界的巨星。

　　19岁时，她发表了一项个人"独立宣言"，宣称"我绝不让我的生命屈从于他人的意志"。在当时法国第一高等学府巴黎高师读书时，与萨特等才子们结为文友。在通过令人望而生畏的教师资格综合考试时，波伏瓦的名次紧随萨特，排在第二。

　　共同对书本的爱好，共同的志向，萨特和波伏瓦成为共同生活的伴侣，但终生没有履行结婚手续。他们彼此维护着自己的自由和独立，一起工作，一同参加政治活动；他们住在不同的地方，保持着一定程度的隐私权；但每天都见面，共同工作，或是边喝威士忌边交换意见，而且常常一起外出旅行。

萨特和波伏瓦于 1955 年访问中国,受到高规格的接待。9 月 29 日在人民大会堂出席了周恩来主持的国庆招待会,10 月 1 日登上天安门城楼参加了国庆观礼,毛泽东、陈毅分别接见了他们。对于这次访华,萨特本人除了接受一些专题采访外,没有多作评论,而由波伏瓦执笔写了题为《长征》一书。据说波伏瓦为写此书,经常熬夜,搞得眼睛红肿,萨特为之心疼。

20 世纪是萨特的世纪。第二次世界大战结束后,世界满目苍痍,道德理想幻灭,人们苦闷消极。萨特的存在主义一方面指出现实的荒诞,另一方面又给芸芸众生指出一条出路:自我选择。存在主义将哲学介入生活,哲学和人民群众可以来个亲密接触,哲学的亲和度也被发挥到极致。存在主义为不合理的现实找到了合理的支撑点,于是,风靡一时。

1964 年,瑞典文学院决定授予他诺贝尔文学奖金,结果却被他谢绝,理由是他不接受一切官方给予的荣誉。1980 年 4 月 15 日在巴黎逝世;法国总统德斯坦说:"萨特的逝世,就好像我们这个时代陨落了一颗明亮的智慧之星那样。"

萨特死后,波伏瓦于 1980 年出版了《告别仪式》,讲述她"灵魂伴侣"身体是如何的衰弱,讲述他们共同生活的点点滴滴,流露出强烈的爱情。书的最后波伏瓦说道:"他的死将我们分开,我的死也不会使我们重聚。就是如此。我们能在一起生活那么长时间,已经很好。"6 年后,波伏瓦去世,数千人跟随灵柩到蒙巴纳斯墓地,把穿着红色衬衣的波伏瓦与萨特合葬。

逐梦箴言

"我是在书堆中开始生活的,就像毫无疑问也要在书堆中结束我的生命一样。"萨特和波伏瓦一生执著着对知识的追求,互相扶持,一步步艰辛地向上攀登着。他们坚信,一个人无论有何禀性,有何奇才异能,倘然不把那种才能传达到别人的身上,他就等于一无所有。"只做第一个我,不做第二个谁。"今天,存在主义的浪潮渐行渐远,然而,是浪潮就会惊涛拍岸,它离开的力量有多大,涌回的力量就有多强。在强者的生活中,只有一种主旋律,那就是奋斗!

知识链接

存在主义

又称生存主义,当代西方哲学主要流派之一。这一名词最早由法国有神论的存在主义者马塞尔提出。存在主义是一个很广泛的哲学流派,主要包括有神论的存在主义、无神论的存在主义和存在主义的马克思主义三大类,它可以指任何以孤立个人的非理性意识活动当作最真实存在的人本主义学说。存在主义以人为中心、尊重人的个性和自由,认为人是在无意义的宇宙中生活,人的存在本身也没有意义,但人可以在存在的基础上自我造就,活得精彩。存在主义最著名和最明确的倡议是让·保罗·萨特的格言:"存在先于本质"。

《恶心》

萨特成名作。书中设定主人公得了一种病症,并指出这种病症是每个人都可能得的,因此主人公罗根丁有时处在不适状态中而犯"恶心",我们也可能犯"恶心"。罗根丁在搏斗,他企图摆脱他的真实存在,与过去的一个或某些艺术品、甚至一段爵士音乐来认同,去达到某种自由。这就是萨特在此书中所要表达的中心思想"存在与自由"。

我的未来不是梦

119

■ 我是怎样的爱你

这一天是 1845 年 1 月 10 日。

英国著名女诗人伊丽莎白·巴莱特蜷缩在沙发里,目光空泛地望着窗外灰蒙蒙的天空。上一年,也就 1844 年,她的两卷本诗集出版,受到社会的一致好评。她的创作趋于成熟,并开始绽发出光亮。她那充满哀怨的生命似乎也应该比以往活跃一些。但事实并非如此,她的内心如同天气一样寒冷,生活于她,并没有得到多大的改观。

她本是一个活泼的女孩子,喜欢读书,热爱自然,不料,15 岁时的一次意外,从马背上摔下来的她成了残疾人,背椎受损,想下楼都得有人扶着。她整日蛰居在病床上,像一只冬眠的小动物,很少发出响动。

幸好有诗歌,尚能帮她排解一点苦闷,在寂寞难耐之时,她拿起手中的笔,把心里的悲伤和希望,都写进厚厚的大本子里。一晃,她已经 39 岁了,青春正一点点消逝,健康与生命也随着年龄的增长变得越来越衰萎。

除了小狗费勒西,还有什么人什么事会给她带来一些欢乐呢?

1845 年 1 月 10 日的一天,一切都将改变了。邮递员敲开了温姆伯街 50 号的大门,把一封"忐忑不安"的信送到女诗人的手里。

写信人名叫罗伯特·白朗宁,也是一个小有名气的诗人。

伊丽莎白·巴莱特记起来,她去年出版的两卷本诗集中有一首长诗,里边提到了罗伯特·白朗宁的近作《石榴树》,并且,因为有所触动,所以还写下了赞美的问句——"要是把它一直解剖到中心,就可以看到,那里有一颗鲜活红心———一颗经络满布的人文主义的心。"

正是这热情的评语,鼓励了罗伯特·白朗宁,让他有勇气写下了这封信。

"亲爱的巴莱特小姐,你那些诗篇真叫我喜爱极了!"他用汹涌的热情写下了开头,接下来,他似乎控制不住自己,"正如我所说,我爱好的诗,而且,也同时爱着你……"

在信中,他还提起,有一次他差点见到她。她的表哥是他的至交,有意介绍他们见面,可是,"你的健康状况太差,于是我就回家了。会面难道真的遥遥无期吗?"

罗伯特·白朗宁的教养和爱慕也深深地触动了女诗人,她有难以抑止的喜悦,便饱醮了墨水,写下了自己的幸福和感动。

"亲爱的白朗宁先生,我从心底感谢你!"她这样开头,接着又和他探讨了诗歌,说到那次差一点见面,女诗人解释说,"冬天合上睡鼠的眼睛,也将我关闭了起来。"

他们的友谊,包括后来的爱情由此开始。

每一两天一封信,到最后竟有573封之多。一股新鲜的活力注入了她的体内,昏暗的日子突然敞开了一个既有蓝天也有绿地和鲜花的窗口。随着时间的推移,她的脸色红润了,浓浓睫毛后的眼睛也放出了快乐的光芒。

在第一次通信时,伊丽莎白·巴莱特曾说过"春天我们再相见"的话。这充满希望的话语对于罗伯特·白朗宁来说,无疑是一颗时时等待萌发的种子。她一次次地请求着,终于,在五月一个星期二的下午,他得到允许,踏着和暖的春风走进了女诗人的房间。他见到了她,瘦小的样子十分让人怜爱,他迫不及待地表达着自己,又实在说不清楚自己要表达什么。于是,在他们见面之后,他写下了第一封求婚信。

伊丽莎白·巴莱特收到信,痛苦了一夜,最后回信拒绝了他。并请求他今后不要再说这样"不知轻重"的话。罗伯特·白朗宁恐慌极了,他赶紧写信,自己因为感激,所以把话说过头了,请求她原谅自己,原谅他一时的有点不检点。

虽然有了这场风波，但他们之间的通信没有中断，反而比以前更勤了。罗伯特·白朗宁每周去看望一次自己爱慕的人。每次去，都把自己亲自采摘的玫瑰花摆在桌子上，每每给房间增添了生气，渐渐的，紧闭的窗子也打开了，小小房间里竟也流动着新鲜的空气。

女诗人可以下楼了。

而且，他收到她的信，信里的话让他欣喜万分，"昨天我当真出去了，而且还当真活着回来——那是更令人惊奇的事了——我是说，居然还有这活力在晚上写这封信……"

这一年的冬天很暖，家人吃惊地发现，伊丽莎白·巴莱特用自己的脚步下楼来了。她走下楼梯，来到会客室，高兴地和大家打招呼。

更为"疯狂"的是，隔年的春天，女诗人由自己的妹妹陪着，闯到公园里去了。阳光落在她的身上，她的脸庞在树影的斑驳中显得格外的柔美。她走上草地，采了一朵金链花，她把花朵放在鼻子下嗅着，迎面扑来的尽是香甜的气息。

……

这一切的变化，皆因一个人，那就是罗伯特·白朗宁！

爱神终于踏踏实实地把他们拴系在了一起，他们渴望天天见面，并且都感到谁也离不开谁了。女诗人开始创作著名的《葡萄牙人十四行诗集》，这是她献给爱人的礼物，正是他的爱情让她的才华达到了顶峰。

她心悦诚服地答应他——

"就这样吧，最亲爱的人，如果到了春暖花开的时候，我的健康允许，一切就由你决定吧，而你的决定将是我的，我们俩共同的责任和愿望。"

她终于用爱情回报了他！

1846 年 9 月 12 日，伊丽莎白·巴莱特冲破家庭的阻力，经过一夜的思想斗争，由她忠心的女仆陪着，来到离家最近的教室，和罗伯特·白朗宁悄悄地举行了结婚仪式。婚后，他们离开了英国，前往欧洲大陆，在那里继续着他们甜蜜的生活……

现在,我们可以称她为白朗宁夫人了。

在《葡萄牙人十四行诗集》中,她满怀激情地为丈夫写下了自己的"爱情誓言"——

我是怎样的爱你? 诉不尽万语千言:
我爱你的程度是那样的高深和广远,
恰似我的灵魂曾飞到了九天与黄泉,
去探索人生的奥妙和神灵的恩典。
无论是白昼还是夜晚,我爱你不息,
像我每日必须的摄取食物不能间断。
我纯洁地爱你,不为奉承吹捧迷惑,
我勇敢地爱你,如同为正义而奋争。
爱你,以昔日的剧痛和童年的忠诚,
爱你,以眼泪、笑声及全部的生命。
如果没有你,我的心就失去了圣贤,
如果没有你,我的心就失去了激情。
假如上帝愿意,请为我作主和见证:
在我死后,我必将爱你更深,更深……

逐梦箴言

爱情的力量总是能化腐朽为神奇的!

《葡萄牙人十四行诗》

十四行诗的故乡在意大利，原是配合曲调的一种意大利民歌体，后来才演变为文人笔下的抒情诗，以莎士比亚成就最高，英国文学史上每一时期的重要诗人如弥尔顿、雪莱、拜伦、济慈都曾写过十四行诗。

《葡萄牙人十四行诗》是白朗宁夫人的代表作，历来被认为是英国文学史上的珍品，和《莎士比亚十四行诗》相媲美。白朗宁夫人最初开始写，大概是在答应了白朗宁的求婚后；直到他们婚后住到了比萨，白朗宁才读到这本诗集。1850 年白朗宁夫人出版了一卷诗集，把这组四十四首十四行诗收入其内，取了一个总名《葡萄牙人十四行诗》。这部感人的诗集，就是他们爱情生活的真实写照，是英国文学史上的珍品之一。其美丽动人，甚至超过莎士比亚的十四行诗集。

白朗宁夫人

爱凝结在不朽的事业中

站在一片树林里，他似乎听到了伏尔加河的轰鸣；那轰鸣配合着他心里的一个声音，一遍一遍地在脑际穿流——"爱一个人意味着什么呢？这意味着为他的幸福而高兴，为使他能够幸福的去做需要做的一切，并从中得到快乐。"

是啊，只要对方能够幸福，自己的痛苦又算得了什么呢？

这样想来，他的内心仿佛一下轻松了。

他叫车尔尼雪夫斯基，这一年刚刚 23 岁。

提起车尔尼雪夫斯基，我们每一个人都不会陌生。他的著名的小说《怎么办？》曾激励和教育了几代俄国及世界许多国家的青年和革命者，使他们意志坚定，献身理想，追求自由，渴望独立，不屈不挠地沿着自己确立的光明的方向大步前进。

车尔尼雪夫斯基是革命民主主义思想家、哲学家、文学家、美学家。他1828 年出生于萨拉托夫城一个神父家庭。18 岁进入彼得堡大学文史系，开始潜心研究哲学、历史、经济学和文学，密切地关注国内外政治生活中的大事，拥护西欧各国的革命斗争。通过学习与思考，他逐渐认清了沙皇专治农奴制的腐朽本质，进而投身到民主主义革命斗争的洪流之中。

1851 年，也就是他从彼得堡大学毕业的第二年，他回到了故乡的中学任教。在授课过程中，他的进步思想深深吸引和影响了学生。后来在校方的干涉下，被迫放弃了教书生涯。他的内心十分孤寂和痛苦。在萨拉托夫城,他没有朋友,更没有知音,就连家人也视他为异类。他形单影只地徘徊在街头,整个人包括他的影子都和周边的一切显得格格不入。

就在这样的一种状态下,奥尔加,一个美丽、大方的姑娘出现在他的面前。奥尔加的父亲是一名医生,在萨拉托夫城小有名气。人在孤独的时候最需要温情。所以,奥尔加的到来,对于车尔尼雪夫斯基来说,是莫大的安慰。奥尔加很理解车尔尼雪夫斯基。她坐在他的身边,听他谈文学,谈历史,谈他的思考与见闻,谈他内心的苦闷和希望。随着时间的推移,他们彼此相爱了。

车尔尼雪夫斯基在日记里写道:"我一生只爱一个人!"

有一天,奥尔加主动地向车尔尼雪夫斯基表露心迹,并大胆的对他说:"我们结婚吧!"

谁知,车尔尼雪夫斯基沉默半晌,回答说:"不!我已经另有所爱。"

听了车尔尼雪夫斯基的话,奥尔加如同挨了当头一棒。她怎么也想象不到,平日里与自己亲密相处的人,竟然另有所爱!情急之下,她强忍眼泪,飞快地跑回家中。独处闺房,她再也抑制不住情感,一头扑在床铺上,放声痛哭起来。

其实,车尔尼雪夫斯基哪有什么"所爱"呀,他的"所爱"一个叫"科学",一个叫"革命"。他拒绝心爱的奥尔加是因为他内心无比清楚,他所从事的事业,是推翻沙皇反动政府,这项事业随时随地都有可能被捕,入狱,甚至献出生命。他不想自己心爱的人跟着自己受到牵连,更不希望心爱的人因他而失去一生的幸福。

为了表明自己的心迹,他思虑再三,给奥尔加写了一封信。

他在信中说:"就我而言,把自己的生命同另一个人的生命连接在一起是被逼的,无耻的,因为我不相信,我能长久地享受生活和自由。我的思维方式决定,我必须每时每刻都要准备宪兵破门而入,把我抓到彼得堡,投入到要塞的牢房……"

他告诉奥尔加,他会参加暴动。如果那样,很有可能面对一种归宿,流放,苦役,或者上绞架。

信寄出去了。他想,这一回奥尔加会明白自己,并也会设身处地的思考一下自己的未来。如果退避三舍,那对他来说未必不是一种解脱。谁知,奥尔加读了车尔尼雪夫斯基信后,不但没有退却,反而对他的爱更加坚定不移。

奥尔加飞奔着来到车尔尼雪夫斯基的身旁,大声地告诉他:"你的事业就是我的事业你的理想就是我的理想。我愿意和你一同奋斗,吃苦,受难,愿意分担你命运中的一切!"

望着真诚、热烈的奥尔加,车尔尼雪夫斯基被深深地感动了,两颗年轻的心融化在一起,他们的感情得到了再一次的升华。1853 年 4 月,25 岁的车尔尼雪夫斯基和 20 岁的奥尔加结婚了,一个高尚的革命者和一个非凡的女性结合在一起。

婚后一个月,夫妇俩一起来到了彼得堡。车尔尼雪夫斯基立即投身到紧张的工作之中。他为《祖国记事》杂志撰稿,阐述自己的文学观点,宣传自己的思想。等到了 1953 年底,车尔尼雪夫斯基结识了涅克拉索夫和巴纳耶夫,此后长达十年的时间,他成了《现代人》杂志的主将,和他的朋友们一起,把民主主义思想传播到俄罗斯的每一个角落。《现代人》杂志无疑成了进步的讲坛,而车尔尼雪夫斯基也成为了革命阵营的思想领袖。

车尔尼雪夫斯基经济并不宽裕,作为妻子的奥尔加就精打细算,节衣缩食,既要保证车尔尼雪夫斯基的身体健康,还要不时地接济有困难的革命者。车尔尼雪夫斯基的客人来拜访的很多,为了让他有更多的时间工作,奥尔加就主动承担起接待任务。她陪客人们聊天,陪来访者听音乐,有时,也陪他们唱歌跳舞,不使他们感到冷落。

车尼尔雪夫斯基的担心不无道理。

1862 年 6 月,《现代人》被查封。7 月,车尼尔雪夫斯基的家被搜查,紧接着,他被捕入狱,一关就是两年。两年后,虽然沙皇政府并未找到他的"罪证",但仍然强行判处他七年苦役。1883 年,他又被押到阿斯·拉罕,受到沙皇政府的监禁,直到 1889 年 6 月,才回到了故乡萨拉托夫,与家人团聚。

在车尼尔雪夫斯基被流放监禁的 27 年中，奥尔加饱受了人间的苦痛，但她一直坚守着自己的诺言，分担并承受着车尼尔雪夫斯基的一切。她四处奔走，设法营救丈夫，含辛茹苦，抚养孩子长大成人。不只一次长途跋涉，历尽艰险去探望车尼尔雪夫斯基，表达自己的爱意，鼓励丈夫坚定信心。

27 年中，车尼尔雪夫斯基先完成了他的重要著作长篇小说《怎么办？》，后来又写出了第二部长篇小说《序章》，以及中篇小说和剧本。在他的两部长篇小说的题记中，他分别写道——"献给我的朋友奥·索·车"，"谨献波尔金娜"。众所周知，车尔尼所献给的人，其实都是他的妻子奥尔加，他永远忘不了，就是这个坚强的女人，把他们的爱情永远放在了不朽的事业中。

逐梦箴言

坚定不渝的行动永远胜过卿卿我我的蜜语，伟大的爱情背后所道出的永远是壮丽的诗篇。事业的稳定，来自家庭的稳定，家庭的稳定，取决于你对真爱的认知。

知识链接

《怎么办？》

俄国革命家、作家、文学批评家尼古拉·车尔尼雪夫斯基在狱中创作的长篇小说，副标题是《新人的故事》，1863 年发表于《现代人》杂志。这部小说的显著特色是，以欢乐的情调、明朗的画面展示新人的故事，其中"新人"分为两类：一类是薇拉、罗普霍夫、吉尔沙洛夫和梅察洛夫等人，是普通人中的"新人"；另一类就是拉赫美托夫等人，是"新人"中的特殊人。人物新、故事新、思想新，正是俄国解放运动进入第二阶段的反映。

版本一：少女薇拉反对买卖婚姻，离家出走，嫁与罗普霍夫。婚后她按空想社会主义思想创办了缝纫工场。后与丈夫的朋友吉尔沙诺夫发生爱情。罗普霍夫假装自杀，赴美国参加废奴运动。几年后，他回国并重新结了婚。最后两家人住在一起，相处融洽。

版本二：韦拉是个富有抱负的美丽姑娘。她的母亲为了谋取钱财，要把她嫁给一纨绔子弟。在医学院学生洛普霍夫的帮助下，她脱离家庭与之结合并创办了一家实行社会主义原则的工场。洛普霍夫性格内向，为人严肃，而韦拉却热情奔放，善于交际。韦拉爱上了性格相投的丈夫的好友。为了韦拉的幸福怎么办呢？洛普霍夫决定想法成全他们……

车尔尼雪夫斯基

● 智慧心语 ●

1.人的本质悬置在人的自由之中。

——萨特

2.女人不是天生的，而是后天形成的。

——波伏瓦

3.把爱拿走，我们的地球就变成一座坟墓了。

——白朗宁

4.是爱，就无所谓卑下。

——白朗宁夫人

5.一个人的活动，如果不是被高尚的思想所鼓舞，那它是无益的、渺小的。

——车尔尼雪夫斯基

第七章

那些亲切的话语将陪伴我们一生

◎导读◎

　　每一个在事业上有所成就的人，在他的事业尚未起步、未成功之前，都会遇到一个或者几个前辈或同辈的指点。绝对的自学成才是不存在的。所以，我们乐于称前辈为先生、为老师，视同辈为挚友。前辈也好，同辈也好，他们的点滴指引，都有可能成为我们迈入成功殿堂的最坚实的那块基石，所以，让我们常怀感恩之心，向那些指引过我们的人致敬！

福楼拜

这一回,你可以试一试了

莫泊桑是非常喜欢自己的老师福楼拜的。

他经常到老师的家里去,那是一栋六层楼房的顶层单身宿舍,屋子里陈设简单,只有那张大大的办公桌上显得"内容丰富",有书、有稿纸。稿纸的"正文"只有一行字,而涂改的部分却密密麻麻占满了整张纸的空白处。这里的常客有屠格涅夫、都德、左拉,个个都是大作家。莫泊桑在他们的身上学到了许多东西。

尚未成名之前,莫泊桑拜福楼拜为师,跟随他一同学习写作。

他记得很清楚,最开始的时候,他把自己的几首诗拿给老师看,原以为会得到鼓励,谁知道,老师看完后,严肃地毫不客气地对他说:"我不知道人有没有才气。在你带给我的东西里面表明有某些聪明,但是年轻人,所谓的才气就是长期坚持不懈,你努力吧。"

莫泊桑听从了老师的忠告。他不停地写呀写呀,诗歌、剧本、小说,灵感突发在什么地方,他就会抓起笔,片刻不停地把它写出来。但是,他的作品一到了老师那里,就变得单薄无力,偶尔会得到一两句赞美,但接踵而来的就是严厉的批评。老师劝告他不要把这样东西拿出去发表,就算拿出去,也不过是平庸之作,不会有任何的建树。

福楼拜带莫泊桑到街上去,寻找一切机会锻炼他的观察能力。有一次,他们路过一家杂铺店,看到杂货商十分的忙碌。福楼拜没有说什么,继续前行。在一个大院门口,守门人吸着烟斗,安静地坐在那里……观察归来，福楼拜让莫泊桑描绘一下杂货商和守门人的姿态和外貌，还有他们身上的全部特征。他说："你不但要有画家的手腕，画得准确，而且，还要有文学大师的手法，写得生动。你所观察到的杂货商和守门人要和别人不一样，要有你自己的独到之处。"

听了老师的话，莫泊桑脑子里存留的那两个形象，一下子变得苍白起来。

福楼拜又告诉他："你所谈到的任何事物，都只能用一个名词来称呼，只能用一个动词来表达，只能用一个形容词来描述。你所用的词儿，应该是别人没有用过的，甚至还没有被人发现的，决不能用似是而非的概念和模糊不清的语言来顶替，来逃避……"

在老师的指导下，莫泊桑的进步很大。他任自己的想象驰骋，决心去描写现实生活中"可怕的神圣的真实"。

有一次，福楼拜对莫泊桑说："你去巴黎第九大街，在第二个十字路口向左拐，看看路右边的第一个人是谁。"

莫泊桑跑出去，一会儿又跑回来，说："是一个老太婆。"

福楼拜摇了摇，说："这是谁都能看到的，你再去看一看。"

莫泊桑又一次来到路口，他回来时对老师说："这个老太婆很脏，满脸灰尘，头发乱得像鸡窝。"

福楼拜微微一笑，说："有进步，再去看一看。"

这一次，莫泊桑回来后，对老师说："那个老太婆的鼻子是世界上最蹩脚的，木匠随便拿了一块木头随便地削了一下，然后安在了她的脸上。"

这一回，福楼拜鼓起掌来。

十年的时间，莫泊桑毫不气馁，积极努力，写出的稿纸堆得快比他人高了。

1880 年，30 岁的莫泊桑参加了一次文艺座谈会。在会上讲了一个故事；散会后，他把这个故事写成了一部中篇小说，起名叫《羊脂球》，然后誊写清楚，送到老师的手里。福楼拜很快看完了原稿，他一反常态，欣喜若狂，拉着莫泊桑的手，像要飞起来一样，大声欢呼："你的文章成熟了，可以见见世面了！"

不久,《羊脂球》发表,整个法国文坛为之轰动!

《羊脂球》把莫泊桑送到成功的彼岸,对他多年的付出也给了丰厚的回报。但是,福楼拜并没有忘记自己身上的责任,他写信给莫泊桑,除了祝贺之外,提醒他不要骄傲,鼓励他继续努力,再写出一批有着《羊脂球》这般水准的作品出来。只有这样,才对得住自己从小立下的志愿。

莫泊桑没有辜负老师的期望。

《羊脂球》发表不久,为了寻找小说素材,他走出家门,到世界各地去旅行。他的足迹抵达荒凉的撒哈拉大沙漠,看过大漠落日;他去过意大利、英国,观察过树林、海岸、草地和火山,他也去过历史名城,体味风土人情,聆听市井俚歌……

才情焕发的莫泊桑在1880年到1890年这十年间,就写出了三百篇短篇小说,平均一年写三十篇,而且,绝大部分作品都堪称经典名篇。

就是这样,莫泊桑以他不可比拟的成就与俄国的契柯夫、美国的欧·亨利被后人并称为"世界短篇小说三大巨匠"。

莫泊桑是优秀的,但每当人们提及他的名字的时候,却忘不了另一个优秀而伟大的名字——福楼拜!

逐梦箴言

教师充满慈爱的严厉和学生无比倔犟的顺从,使法国文坛出现了两颗不可磨灭的巨星,一个积极燃烧、热烈奉献;一个不畏坎途、铿锵奋进,既体现了人生之温暖,又昭示了成功之所在。

我的未来不是梦

知识链接

莫泊桑拜师

莫泊桑读鲁昂中学的时候，就热爱写诗。在他的老师当中，有一位就是诗人。他的名字叫路易·布耶。有一次，他看到莫泊桑的练习簿，发现上边有一行诗句——"人的生命，有如船在海上驶过的水痕，慢慢儿远，慢慢儿淡。"他觉得莫泊桑很有才情，就时常地引导他，启发他。布耶和福楼拜是好朋友。当得知莫泊桑的母亲有意让儿子跟福楼拜学习写作的想法后，他毫不犹豫地把莫泊桑带到了福楼拜的面前。

福楼拜

福楼拜是19世纪中叶法国伟大的批判现实主义小说家。莫泊桑曾拜他为师。1821年出生在鲁昂一个著名的外科医生家庭。其作品反映了1848-1871年间法国的时代风貌，揭露了丑恶鄙俗的资产阶级社会。著名作品有《包法利夫人》、《情感教育》和《布瓦尔和佩库歇》等。他对19世纪末及20世纪文学，尤其是现代主义文学的发展有着极其深远的影响，被誉为"自然主义文学的鼻祖"、"西方现代小说的奠基者"、法国19世纪的文学泰斗。他写作讲究"肯吃苦，勤练习"。

莫泊桑

处处回想皆温馨

汪曾祺是中国当代文坛的一个奇人。年轻的时候率性,到了年老,变得越来越好玩。他爱吃,也会做吃的,爱画画,画小品;懂戏;最主要的是能写文章。他的文章真如"晚饭花",看似平淡,实则意味悠长。

汪曾祺年轻的时候就读西南联大,虽然肄业,可还是联大的学生,这一点不能否认。汪曾祺有才有气。他能走上文学道路,并有大成就,除了自身的资质,和他的老师们大有关系。

他的老师很多,但他最尊重、最敬仰的应该有闻一多和沈从文。

说汪曾祺年轻的时候率性,是有"案"可查的。

闻一多喜欢汪曾祺,所以对他多多少少有一点"放纵"。但在关键问题上,却不能商榷,各持己见。在西南联大期间,闻先生的政治态度转变明显,成为进步的民主主义者;汪曾祺年轻,对政治不甚关心,认为文人的职责是写好文章,而参与政治太费心神。这一天,汪曾祺受一家报社之托,到闻先生家约稿。二人闲聊,聊着聊着,竟吵了起来。闻先生斥责汪曾祺太颓废,不像个上进的新青年;汪曾祺也不示弱,直捶胸膛,对闻先生参与政治不以为然。争执无果,匆匆分手。回到住处,汪曾祺仍觉胸闷,就给闻先生写了一封短信,信中称闻先生对他"俯冲"一回。闻先生很快回信,说汪曾祺对他也"高射"了一通。二人扯平。

当时,日军飞机常常轰炸昆明,"俯冲""高射"之类用语颇内行。吵是吵,先生还是关心学生。当晚,闻先生就来看汪曾祺,开慰劝导一番,遂"和好"如初。

1946 年，汪曾祺离开昆明，辗转来到上海。他想找一份事做，但四处碰壁。国民党的事他不想掺和，想自食其力，以求糊口，又缺少门路，内心十分苦闷。他的好朋友朱德熙时在北京清华教书，知他在上海，嘱家人好生招待。朱家人对汪曾祺照顾得很好，但汪曾祺总觉寄居在这里，有诸多不便。找工作屡遭拒绝之后，他心灰意懒，独自喝酒，暗中落眼泪，抽刀断水水更流，借酒浇愁愁更愁。他提笔给北京的老师沈从文先生写信，痛说失意，孤独不已，言内言外流露出自杀的想法。

沈先生收到信后，尤感震惊，又颇为愤怒，他立刻回信，大骂汪曾祺，自贱轻生，非大丈夫也。他在信中说："为了一时的困难，就这样哭哭啼啼的，甚至想到自杀，真是没有出息！你手中有一支笔，怕什么？"

一语中的，振聋发聩。

汪曾祺醒了，胸中满满的，像在大海上行驶的船，又扯起了风帆！

文人就是文人，如果文人没有点独行的姿态，没有一些惊世骇俗的举动，没有点向真向美的性灵，没有点嫉恶如仇的勇气，那就不是文人了。

汪曾祺率真，要是说起苏雪林，恐怕比他还要率真得多！

苏雪林是胡适的学生。在北京女子高等师范学院国文系读书时，胡适给她们开的课是"中国哲学"。苏雪林与胡适都是安徽人，所以在感情上，她觉得离老师更近些。

苏雪林对胡适视若神明，这也是众所周知的事。

她的《悼大师，话往事》里有"对着胡先生，受宠若惊之余，竟有一种如醉如梦、疑幻疑真的感觉"。胡适对苏雪林亦是，有诸多关照，她自己也说："老师平日太爱护我了，让我不免有点恃宠而骄。"

有两件事，足可见二者间的师生之谊。

1936 年 11 月，苏雪林给胡适写了一封长信，信中攻击左派文坛和鲁迅。胡适回信，规劝说："凡论一人，总得持平。爱而知其恶，恶而知其美，方是持平。"并告诫苏雪林，不要用"旧文学的恶腔调"咒骂批评对象。苏雪林是出了名的"脾气不好的徽州女人"，她收到胡适的信，竟连自己的信一同交与武汉的《奔涛》半月刊刊出，一时引起轩然大波。苏雪林知道自己"捅了篓子"，好长时间不敢给胡适写信。实话说，这桩公案对当时的胡适是不利的，但胡适却淡然，"只要是事实就好。雪林并没有虚构，事实就是这样。让世人知道真相也没什么大不了的。"

原来，胡适去武汉大学，还特意请苏雪林吃饭，就当什么事也没发生一样。

1961年，胡适和苏雪林都在台湾。当时，苏雪林想凭借自己研究《楚辞》的成果竞选台湾"中央研究院"院士，结果失败了。失败不要紧，还生出"苏雪林研究《楚辞》为野狐外道"的说法，让苏雪林很是气愤。胡适是"中央研究院"院长，以苏雪林的脾气，自然把结果归咎于他。她写信给胡适，并将自己的研究文章一并寄上，大有抗议之举。并声言，"若胡先生恶我无礼，从此断绝师生关系，不许我继续取得科学会补助费，亦无惧，我将远走南洋，老死海外，不向人乞此嗟来之食也。"

苏雪林并不知道，她评院士之时，胡适正病，与她的事毫无知晓。久病新愈，看了苏雪林信，自笑着说："我的这位小同乡啊，好冲动，好偏激，脾气不好。不要紧，我马上写信去说她。"

病榻修书一封，劝苏雪林心平气和做学问，宽容坦荡待不同，"而不可易发脾气。"

苏雪林羞愧万分。

遇到好老师，真如苏雪林所言："不但是心灵莫大的享受，也是耳朵里莫大的享受。"

逐梦箴言

谁也不能独自走完人生的旅途；在人生的路上需有同伴而行。同行者对于我们来说，是多么的重要啊。如果说，亲人是你坚强的后盾，朋友是你无猜的知音，那么，老师就是你一生一世的指路明灯。

知识链接

西南联大

中国抗日战争期间设于昆明的一所综合性大学。卢沟桥事变后，日本帝国主义全面发动侵华战争，为保存中华民族教育精华免遭毁灭，华北及沿海许多大城市的高等学校纷纷内迁。抗战八年间，迁入云南的高校有 10 余所，其中最著名的是国立西南联合大学，是由国立北京大学、国立清华大学和私立南开大学联合而成。1937 年 10 月 25 日开学，1938 年 4 月又西迁昆明，改称国立西南联合大学。5 月 4 日开始上课，设立文、理、法商、工、师范 5 个院 26 个系，两个专修科一个选修班，荟集了一批著名专家、学者、教授，师资充实，人才济济。他们在极其艰苦的条件下，坚持严谨的治学态度，树立优良学风，是当时中国规模最大的著名高等学府。抗战胜利后，1946 年西南联大解散，3 校分别迁回北京、天津复校。

苏雪林

1897 年出生，1999 年逝世，享年 102 岁。原名苏梅，字雪林，笔名绿漪。一生跨越两个世纪，杏坛执教 50 载，创作生涯 70 年，出版著作 40 部。她一生从事教育，先后在沪江大学、安徽大学、武汉大学任教。后到台湾师范大学、成功大学任教。她笔耕不辍，被喻为文坛的常青树。她的作品涵盖小说、散文、戏剧、文艺批评，在中国古代文学和现当代文学研究中成绩卓著。

老师都是这样做人的

朱自清先生曾任清华大学图书馆馆长。他性情平和,做事原则性却非常强。他辞去图书馆代理馆长职务时,特意把一个不称职的馆员辞掉了。大家都很不解,已经办理移交手续了,这时还得罪人干什么?朱自清说,我不能把不胜任的人留给继任馆长,自己充了好人,却让人家当恶人!

说胡适。

胡适似乎借钱给人成瘾。

1919 年夏天,在清华任教的林语堂申请到"半个奖学金",准备去美国哈佛大留学。半个奖学金只有 40 元,似乎太少了点儿。胡适闻之,主动找到林语堂说,如你回国来北大任教,我们每日可以补助你 40 美金。此乃口头承诺,并无书面合同。有胡适这样的话,林语堂当然高兴,依期登程,前往大洋彼岸。不想,林语堂出发不久,他的夫人就患了急性盲肠炎,一抵美国,就做了手术。美国医药费昂贵,林语堂的钱明显不够用了。于是,他给胡适拍电报,请求帮助。胡适二话没说,很快便寄来 500 美金支票。林语堂哈佛毕业,又到法国教华文。一年后,赴德国莱比锡大学攻读语言学博士。此时,清华的半个奖学金已停发,林氏夫妇在法国挣的钱也快用尽,无奈之下,他再次向胡适求助,希望北大可以帮他。胡适依然无二话,随后寄来 1000 美金。

1923 年,林语堂学成回国,第一件事就是去北大还钱。只到这时,他才知道,所谓资助计划,包括借钱,皆胡适个人所为。

还说胡适。

沈从文初来北平时,是个地地道道的"乡下人",住沙滩附近的破烂平房,以卖文为生。结识胡适后,胡适有意帮他,请他到自己正在主持的中国文学系教一年级现代文学课。收到聘书,沈从文十分紧张,怕自己的小学底子,难以胜任公学之教职。他两度写信给胡适,讲述了自己的担忧。胡适鼓励他说:"你是大作家。他们都是你的学生。你就把你的心得传授给他们,这有什么好怕的。"

课程已安排好,无论如何也要上。

第一次上课,沈从文紧张得一头汗水,胡适说:"我送你去吧。"

于是,一路活跃气氛,把沈从文送到教室门口。

沈从文还是紧张,站在讲台上几分钟,竟说不出一句话来,待略略镇定,原先准备的一个小时的课程,十几分钟就讲完了。讲完亦无话,与学生面面相觑,两厢尴尬。乡下人有乡下人的厚道,说不出话就写,于是在黑板上板书——"我第一次上课,见你们人多,怕了,请耐心等一会儿,再耐心等一会儿。"这一等,直到下课。

沈从文自觉狼狈,胡适却笑着安慰:"上课讲不出话来,学生不轰你,这就是成功。"

闻一多也是一个原则性极强的人。

西南联大时,有一个叫刘文典的教授吸鸦片。远离昆明千里外的磨墨有一个富豪想光耀门庭,就想出一个办法,想从云南请一个大学教授,为他的母亲写墓志铭。托人找到刘文典,并许诺了条件——借给刘文典鸦片,承担其一家三口的生活费,外送50两"云土",刘欣然应诺。不曾想,他从磨墨回来,联大的教授却当不成了。虽然有学校同意聘请他,但时为中国文学系代主任的闻一多却拒不发给聘书,究其原因,闻一多认为刘文典的磨墨之行,有违师表,聘书一事,绝不通融。刘文典去找校长,校长亦爱莫能助,最后只好离开联大,另择学校任教去了。

梁宗岱是大翻译家。

1949年,蒋介石想请梁宗岱做参政员,月奉500大洋,并享中将待遇。如此条件,不可谓不丰厚。但梁宗岱不愿意干。请了三次,三次婉拒。第四次,特意让他留欧时的老同学徐道麟去,大有不来不行之势。老蒋要见他,另外还请了复旦大学校长音益,梁宗岱是绝顶聪明之人,一见徐道麟,便知其来意,急急地上前,拉住他就走:"老同学,我刚下课,肚子饿得直叫,我们先上馆子吃一顿再说。"

徐道麟不知是计,一同前往。谁知,梁宗岱落座后"大饮"其酒,很快就现出"醉意",舌头硬硬地对徐道麟说:"喝多了。今天不能去蒋总裁那儿了,改日再去吧。"

徐道麟哭笑不得。

逐梦箴言

每一个伟大的老师,从来没想过以自己的行为作为一种资本,留予后世赞美。但每一个学生都从老师的身上看到了自己的未来,看到了光明和希望。普通人如是,作家更如是!

知识链接

梁宗岱

1903出生,1983在广州病逝,祖籍广东新会。1917年考入广州培正中学,1923年被保送入岭南大学文科,1924年踏上他向往已久的法兰西土地。留法期间,结识了法国象征派诗歌大师保尔瓦雷里,并将其诗作译成中文,寄回国内刊在《小说月报》上,使法国大诗人的精品首次与中国读者见面。回国后,受聘任北京大学法学系主任,清华大学讲师,南开大学、复旦大学教授。抗日战争胜利前夕,到广西与友人创办广西西江学院,任代理院长。翻译过莎士比亚的诗歌和歌德的《浮士德》等名著。代表作有《梁宗岱选集》、诗集《晚涛》、词集《芦笛风》、论文集《诗与真》等。是我国现代文学史上一位集诗人、理论家、批评家、翻译家于一身的罕见人才,可谓名满文坛。

知识链接

• 智慧心语 •

1.只要有一种无穷的自信充满心灵,再凭着坚强的意志和独立不羁的才智,总有一天会成功的。

——莫泊桑

2.人的一生中,最光辉的一天并非是功成名就那天,而是从悲叹与绝望中产生对人生的挑战,以勇敢迈向意志那天。

——福楼拜

3.一个士兵要不战死沙场,便是回到故乡。

——沈从文

4.对人事可疑处不疑,对原则不颖处存疑。

——胡适

5.人家说了再做,我是做了再说,人家说了也不一定做,我是做了也不一定说。

——闻一多

第八章

看啊,这些无需证明的事实

◎导读◎

　　一个人不能有傲气,但不能没有傲骨。有傲气的人,只能享受一时一事的小得意,却永远看不到也得不到旷达终生的大快乐。只有傲骨铮铮的人,才能禀承天地之气息,领略生命之魅力。

君子像清风一样坦荡

1068 年,宋神宗继位,改元为熙宁。起用王安石,实行变法。王安石字介甫,朝称荆公。是政治家,亦是文人。宋朝立国百年,问题诸多,官冗兵重,几朝不堪重负。仁宗时,范仲淹、欧阳修等就想变法,不料一年未到,"庆历新政"便草草收场,所以,王安石要搞"熙宁变法",也不是件容易的事。

苏轼就站到了他的对立面。

令王安石大不解的是,早在仁宗当政时,苏轼是主张变法的,他上书皇帝,说:"天下有治平之名,而无治平之实。"提醒皇帝,说国家已经病入膏肓,不能不采取办法,官腐,兵怠,不治不行,百姓疾苦,不可不忧。

郁急忧,有政治敏感度,挺好的。

怎么就变了呢?

王安石是奇人,可惜还是心太急。两三年的时间里,他辅助神宗,一口气推出七八个新法,而且,一经出台,骤行天下,力度之大,空前绝后。

免役法、市易法、均输法、青苗法、保甲法、教育法、农田水利法等等,一法刚刚铺开,另一法又奔踏而来。王安石不想给保守势力留余地,所以,主张剑走直锋,要求只有一个字:快!

他的思路明晰,神宗也听得明白,加强国库,从豪强和富商手中争钱。

设"市易务",拿公家的钱做买卖,小商人纷纷倒闭。

推行"青苗法",每年青黄不接时,政府贷款给农民,半年二分利,比高利贷低三四分,使农民免受剥削之苦。

可以说,王安石的初衷是好的,也不无高明之处。

但是,他忽略了一点,上行下不效。地方官为了捞钱,借"青苗法"强行摊派,贷款用不用都得用,不用就拿人。而且,有的地方官还把二分利增至三分利,上下捣鬼。这只是问题之一。还有一个问题,农民手里有闲钱了,拔腿进城,花天酒地,大吃大喝,钱花光了,转身就逃。

令人哭笑不得。

王安石和苏轼的矛盾就在于此。

苏轼在基层工作过,对下边情况比较了解;他的认识也很直接,国家要稳定,地方要安定,老百姓终日里惶恐不已,国家哪会有好日子过?

他给皇帝写信,又作《上皇帝书》及《再上皇帝书》,直言变法之弊,前景堪忧。他还当面批评皇帝说:"进人太锐,听言太广,求治太急。"意思是:左倾,冒进,欲治应缓。

他给皇帝的信上还说:"今日之政,小用则小败,大用则大败!若力行不已,则乱亡随之!"

口气之大,有何等意气。

后人讲,说苏轼与王安石不和,还有私怨。以这二人的气度,这样的说法应该可以置疑。苏轼不是一个小气的人,王安石也不是。但"私怨"有没有呢,明确地说,有。苏洵,也就是苏轼的父亲不喜欢王安石,说他胸藏大奸。为此,写过一篇辨奸论,轰动京城。苏辙,也就是苏轼的弟弟,给王安石当下属,负责起草一系列新法,屡屡与上司相左,最后竟主动辞职。

这便是所谓的"私怨"。

回头来看,神宗要用苏轼,王安石不同意;苏轼遭弹劾,王安石不表态;苏轼外放,本来是"与知州差遣",中书有异议,最后放到杭州去当通判。中书是王安石的办公室,办公室的意见当然也就是王安石的意见。苏轼心善骨子硬,王安石大概不想让他执政一方,给自己的新法推行人为地设置阻力吧?

于是,苏轼由杭州、密州、徐州、湖州,直到"乌台案"发,苏轼获狱,已是几年后的事了。小人作祟,君子遭殃,神宗皇帝犹豫不定,苏轼的案子令人头疼。

就在这时,王安石说话了。

此时之王安石,已非他日之王安石,闲居金陵,远离朝廷。但神宗还尊敬地。他给神宗写札子,直言其意:"安有盛世而杀才士乎?"

这句话太关键了!

神宗无意杀苏轼,有了这个台阶,赶快打发苏轼到黄州当团使副使,不得签书公事。

这是1080年正月的事。

又几年之后,神宗执意起用苏轼,把他从黄州调了回来,宦游多处,辗转已年过半百。

要说的是苏轼过江,苍凉于金陵的王安石亲自到江边迎接,见了面,苏轼行礼说,拜见大丞相。王安石说,我辈哪需礼数。旧日恩怨,一笑泯除。

这就是君子!

大文人都是大君子!非君子者鲜见!

逐梦箴言

人生自古多变化,世事无端起风波,天地若有君子在,正气浩浩任蹉跎。

知识链接

《江城子·密州出猎》 苏轼

老夫聊发少年狂,左牵黄,右擎苍,饰帽貂裘,千骑卷平冈。为报倾城随太守,亲射虎,看孙郎。　　酒酣胸胆尚开张,鬓微霜,又何妨。持节云中,何日遣冯唐?会挽雕弓如满月,西北望,射天狼。

《元日》 王安石

爆竹声中一岁除,春风送暖入屠苏。
千门万户曈曈日,总把新桃换旧符。

王安石

中国文人身上的劲儿

苏雪林早年去台湾,大陆这边的年轻读者对她不熟悉。她是安徽人,是"五四"时期著名的女作家。以小说与散文名,去台湾前后,亦开始教书做学问。20世纪20年代她曾"攻评"过鲁迅先生,所以,中国现代文学的史料上不提她。虽然不提,但这个人健在,并一直笔耕不辍,直到1999年,新世纪前夕,百岁而终。

这位老人家很犟。

据张昌华先生《曾经风雅》一书载,说,老人家晚年时,有崇拜者前来探望,见之居所家具破败,剩食置桌,不由大动恻隐之心。于是呼吁各界,为老人家不平。消息传出,舆论大哗,一些慈善机构和个人纷纷损款,意在"救助"。谁知老人家坚辞不受,撰文声明,自己教书的成大对她多照顾,她铭感万分。至于笔耕不止,"无非资以消遣,并非煮字疗饥",外界的捐款,断断不收。便一边退款,一边鸣谢,连说"害死我了"。台湾"文建会"又以"顾问"之名,每月为其奉送一笔新台币,老人家亦是拒绝;就连一些报纸的稿酬给高了,她也会说:"弄错了,我不要。"并及时退回去。

有人说她是个"永不成熟的天真的老小孩"。其实不然,老人家不过是有自己的做人的"劲儿",亦可称之为风骨。

张昌华先生的书里还说了柯灵一件事,即对张爱铃的"公正"。

张爱玲是20世纪30年代轰动一时的女作家。她的出道与成名与柯灵有关。《沈香屑——第一炉香》甫一问世，便受到柯灵的关注和垂青。当时，柯灵任《万象》主编，张爱铃向他讨教，他劝她多加磨炼，万勿急于求成。解放后，张先去台湾，后去美国大陆，读者无人知其才华。更因她是"反动作家"，知道她的人也都退避三舍。1985 年，柯灵终于不能沉默，发表了《遥寄张爱铃》一文，使这位才女作家"死灰复燃"，并且火光冲天。张爱铃成了"完美"的作家。一时间，她的文集、全集、各种选集及单本，天南海北地铺满市场。柯灵是出了名的憋不住，至此时，他又站出来说，《秧歌》《赤地之恋》不好，是"坏作品"，不应无选择地推给读者，此种作法，对张爱玲本人也不公平。

实事求是，乃今时文坛久求不得的品质，柯灵的做法，当为所谓的评论家效法。

1939 年 5 月 9 日，林语堂应选参加在美国纽约举办的世界笔会。在大会上，他发表了一篇题目为《希特勒与魏忠贤》的演讲词。当时，希特勒风头正劲，在欧洲可谓不可一世，所以，敢议论他，大抵也需要一些勇气。林语堂在演讲说，现今的德国人把希特勒比做耶苏，像上帝一样的"敬畏"和"崇拜"，这不由使他想起中国明代的大奸魏忠贤。魏忠贤横行时，有一位儒者曾倡议魏忠贤"与孔子应当同有尊敬"。他这么说，不一定出自内心，但唯有这么说，才能保住饭碗，那些反对魏忠贤的人就全部被杀掉了。魏忠贤当权与今日德国别无二样，声势显赫，耀武扬威，但到头来又如何，还不是自杀了事！林语堂说："自杀乃是独裁暴君最该做的事！"此言一出，在座者皆忍俊不禁。他的预言也准，1945 年 4 月 30 日，苏联红军攻入柏林，希特勒果然自杀。

1935 年 4 月 20 日，鲁迅先生的《天生蛮性》刊于《太白》杂志，全文只有三句话："辜鸿铭先生赞小脚；郑孝胥先生讲王道；林语堂先生谈性灵。"把林语堂和伪满大臣并列，可见鲁迅先生对林语堂之不满。说白了，鲁迅先生喜欢"匕首"与"投枪"，反对林语堂幽默背后的"曲折的不满"，概认为太懦弱。

但是,林语堂也是有过激烈的。

1925 年 11 月 28 日和 29 日,北京学生走上街头,游行示威,反对段祺瑞政府。林语堂也在其中。他拿着竹竿和砖头,和学生并肩,直接与军警搏斗。他垒球打得好,此时这种技术全部都用上了。这一次搏斗,林语堂的眉头留下一个疤痕。后来,他做了一篇《祝土匪》,以"生于草莽,死于草莽"的"土匪"自居。他说:"言论界,依中国今日此刻此地情形,非有些土匪傻子来说话不可。"学者只要脸面,而去真理一万八千里之遥。说不定将来学者反得让我们土匪做。

朱自清是一个十分平和的人。吴组缃说过一件事,一个学生往他家里打电话,说自己要读几本书,却如何也找不到,于是想起他,让他速去图书馆帮着找一找。学生差遣老师实在没有规矩,但另一侧面也可看出朱自清的随和。学生都不怕他。但是,随和的人动起气,也不含糊。朱知兔先生在《风,径自吹去》一书中,有《回忆朱自清先生》一文,文中讲了他亲历的一件事,足见朱自清的性格。那时,朱知兔先生正在中法大学读书,同时在一家报社兼职。他向朱自清约了一篇稿子,稿子刊出后,他去送样报和稿酬。朱自清便在教员宿舍接待了他。谁知,朱自然看到刊出的文章后,脸红了,不高兴地对我说:"你们怎么随便改动我的稿子呢?"原来,文中有一句"在北平呆过的人应该懂得'人活'这个词……"里边的"呆"改成了"待"。朱自清解释说,他之所以这么写,是有自己的道理的,不是随便就下笔,"呆"和"待"两字有时虽可代用,但"味儿不一样"。朱知兔先生说"他很生气,甚至有点口吃"。

有些个性是天生的，有些个性是后天养成的，无论是天生的，还是后天的，个性都是自由的最高形式。但切记一点，个性让你决不屈从他人的意志，也决不能把自己的意志强加到别人身上！

《秧歌》

《秧歌》1953 年写于香港。这部长篇小说是张爱玲到香港后以 Eileen chang 为笔名发表的，最初的用意是写给英语圈读者看，后来翻译成中文。

1952 年张爱玲离开上海去香港，投身在美国驻港新闻处。《秧歌》正是她写的第一部有着明显"绿背"（即美元）色彩的长篇小说。由于多年战乱，新中国建立之初，人民的生活是困苦的，但并非像《秧歌》所写的那样在"饥饿"的火山口上，显然，《秧歌》作了歪曲事实的反映。

■ 他有权保持沉默

1966 年,动乱开始不久,大作家孙犁就遭到了批斗。这位中国当代文学大师,"荷花淀派"创始人,怎么也无法理解,这些突如其来的事变究竟是为了什么。他由领导干部变成了清洁工,不但要清除垃圾,还要随时听候造反派的"传问"和外调人员的"审查"。这也无妨,任何工作都是人干的,都是普通一员,干什么工作都理所应当。最让孙犁接受不了的是,他的家连续三次被抄,藏书、信件、手稿,甚至有他字迹的每一张纸片,全被洗劫一空。一家人被赶出原来的寓所,搬到离单位极远的一个小房子里去。而且,造反派们还在他家的墙上凿开一个大洞,美其名曰:监视孙犁的行动方便。

干校成立后,身患糖尿病的孙犁和其他人一样,被迫下到农村去,喂牛、管理白菜地,终日不得安稳。他能做些什么呢?倔犟的他选择了沉默。造反派说什么,讲什么,他不表态;需要发言,他不说无原则的话;写检查,写交待和揭发材料,他不想违背自己的良心,所以,常常拈笔呆坐,半天写不出一个字;外调人员找他,他抄手低头,不回答任何问题……

1971 年,孙犁从干校被"解放"回来,此时,陪伴他多年的妻子已经逝世,他独坐家中,备感孤寂。想读书没有。无奈之下,只好向一个孩子借一本大学中文系的讲义,每天抄写一篇文章,一是为了与父亲亲近,二为消磨时光。

后来,单位通知他到文艺组工作,主要任务是登记来稿,给作者复信。

他是作家,是资深编辑,现在却只干编务的活儿,但是在那样一个黑白颠倒的年代,他除了保持沉默,还能说什么?这是一些千人一面的稿子,每一个人都在说着言不由衷的话,为这样的文章登记造册,给这样的作者回信,简直苦不堪言,毫无趣味。

这一时期,有人建议孙犁把《荷花淀》修改一下,然后送出去出版。孙犁不加思索地回绝了。那建议者的所谓的改,就是按照当时那些人的立场和观点、方法改,孙犁怎么可能答应呢!历史就是历史,谁也无法违背良心!他宁可默默无闻,也绝不违心迎合。

孙犁是一个不说胡话的作家。

十年动乱时期,也有人建议他写点文章,露一露面,让外界知道他还存在,还能发出声音,但孙犁的反应,依然是保持沉默。

他的思维和情感都干涸了吗?

你这样想就错了。

1972 年,他向单位管事的人提出,想回故乡体验生活,准备"创作"一点东西。管事人见他"觉悟"了,当然很高兴,于是,返乡之行十分顺利。

关于回乡,他的女儿晓玲在《摇曳秋风遗恨长》一文中有所记述。

他们的车还没到村口,孙犁就让停车,然后轻声对女儿说:"下来吧,走着走。"

说着,父亲已弯腰走出车门,踏上他魂牵梦萦的黄土地,脚步匆匆,神思凝重。红荆阡陌、绿树矮房、井台鸡羊,虽无苇堤渔岸淀水荷塘,却也是一派田园风光。他们住在表哥家。中午,村支书来请父亲吃便饭。父亲去了,坐在农家小院低矮的木桌前,低头默默吃完了一碟饺子,没有回碗便起身告辞。第二天清晨,顺着一溜儿钻天杨,父亲在村头沉默地散步,思绪起伏、触景生情,又见桑梓故土地,不见灶旁起炊人。他忘不了妻子"青春远离毫无怨言",送夫上前线重担自己肩,叮嘱自己远走高飞早胜早还;他忘不了公认的"贤大嫂",拉风箱添秫秸,为过往的八路军友人灶上煮杂面;忘不了妻子担惊受怕三更半夜挥锹铲土,埋下自己托战友骑马送回家的进步书刊;他忘不了在妻子的娘家柜中,被搜出一张自己在育德中学的

"学生照",让老岳母挨了日本鬼子几枪托子差点出人命;他忘不了鬼子
"扫荡",妻子携幼扶老气喘吁吁丢鞋甩袜奔跑逃难;他忘不了铁蹄压境,
妻子推机杼,手指变形,赶集换卖,操劳一家老小吃穿……"

通过这段描写,你能说孙犁失去情感了吗?对自己的妻子、对故乡、对
战友、对亲朋,他是充满感情的。

知道孙犁回来了,许多亲戚都赶来看望。他身处这样的环境,整个人
也显得活泛了很多。他的侄子养了两只羊。他一有空,就背上柳条筐,去道
边割草,随便拾柴,像一个上了年纪的农家老汉……

在很多时候,沉默就是武器,它既可以保护自己的良知不受到玷污,
也能保持善良的人不受到无辜的伤害。

孙犁先生,就是我们的榜样!

逐梦箴言

越是危难之时,越能看出大师的风骨;越是特殊时期,越
能品味智者的真情。与小人无语,与君子仗义,沉默者胸怀更
加坦荡。

知识链接

"荷花淀派"

是以孙犁为代表的、以农村生活为主要内容并形成一定
艺术特色的一个当代文学的流派。该派的作品大多从农村日
常生活作品中提炼题材,采用现实主义和浪漫主义相结合的
手法,把人物的心灵与自然融合一起,清新朴素,描写逼真,心
理刻画细腻,抒情味浓,富有诗情画意,有"诗体小说"之称。主
要作家还有刘绍棠、从维熙、韩映山等。荷花淀即白洋淀,这一
流派得名,不但源于白洋淀这个地方,也源于孙犁的短篇小说
《荷花淀》。

■ 硬汉永远采用硬汉的方式

    一个优秀的作家,应该具备什么样的条件?娴熟的写作技巧,丰富的情感,勤奋的态度。没错,还有十分重要的一点就是丰富的人生经历。人说艺术源于生活,这一点不假。少了对真实生活的感悟,写作不但不可能得于手而应于心,甚至不可能存在。欧内斯特·海明威就是这样一位经历过大风大浪的作家。他的人生阅历可谓丰富而坎坷。

    1899 年 7 月 21 日,欧内斯特·海明威出生在美国的芝加哥。他的父亲是位医生——我们要多说些关于他父亲的事——这位叫做克莱伦斯·爱德蒙兹·海明威(简称爱德)的男人,在伊利诺州橡树园开了一家小诊所。实际上他曾是一名内战老兵,他身手剽悍,性格豪爽,十分爱好一些与"勇猛"这个词挂钩的活动,比如狩猎、腌渍蛇类,他还会静心垂钓、制作标本,足见他是个粗中有细的家伙。在欧内斯特·海明威只有两个月大的时候,就被这位父亲带上了荒野之旅,爱德想把自己身上这份野性和勇敢都注入到儿子的血液里。事实上,他做到了,后来的欧内斯特用他的一生向我们诠释了"硬汉"这形象。

    长大后的欧内斯特·海明威,毅然决然地加入了第一次世界大战,并成了美国红十字会战地服务队的一员。他的确继承了父亲身上渴望体验生活的特点,可这种对于战争的体验同样让他付出了惨痛的代价——枪弹和炮火给这个男人的身体留下了 237 处伤痕,当然,最深的伤是印在海明威的心灵中的,那些支离破碎的战友的尸体,那些被砍下的头颅,那让人窒息的硝烟和声嘶力竭的惨叫声,被污泥染黑了的血水,都给海明威留下了不堪回首的回忆;他对于战争的感觉是深刻的、憎恶的、恐惧的,那些噩梦般的画面让他的心灵饱受折磨,也让他变得更加坚强。

战后,海明威成了一名记者。他代表多伦多《星报》长驻浪漫之都巴黎。在那里,海明威开始了自己的写作生涯。他对于生活的深切感悟和对创作的热情,在他的脑海中常常碰撞出激烈的花火,让他文思泉涌。初期的一些作品得到了大众的认可后,他的创作变得更具水准。人们说,一个深刻的故事中,总有作者的影子存在其中,海明威也是如此。他笔下的故事很多都是与战争有关的,书中的主人公因经历战争而饱受折磨,他们的生活会变得残破不堪,心灵会变得千疮百孔,这样的作品颇具韵味,常常引人深思。海明威的第一部重要小说《太阳照常升起》塑造了一批年轻人的形象,他们跟现实中的海明威一样经历了第一次世界大战,而后流落在法国。战争几乎夺走了他们的一切,让他们的心灵受到创伤,甚至被扭曲,他们迷失了前进的方向,空虚、苦恼、忧郁,他们虽想有所作为,但是却找不到前行的方向,精神迷惘,尔虞我诈的社会又让他们非常反感,所以只好继续无所事事,在沉沦中度日。这群年轻人就是海明威的影子,是他的生活道路和世界观的真实写照。美国作家斯坦因由此称他们为"迷惘的一代",也可以称作"垮掉的一代"——同指这样的文学流派,和海明威这一代人。

1928 年,海明威离开了巴黎,回到了自己的祖国。在美国的佛罗里达州,他过上了与世无争的生活。就像他父亲年轻时那样,海明威经常狩猎、捕鱼,有时还会去观看斗牛比赛。当然,这个硬朗而充满浪漫情调的男人的大部分时间还是要用来写作的。他每天早晨 6 点半起床开始写作,一般写六个小时,到中午 12 点左右休息,偶尔也会再延长二、三个小时。海明威的创作态度严谨而且注重修改。在开始写新文章之前,他总是会把前一天的作品细细品读,然后从头到尾地进行细致修改,他的作品通常都要经过三次整体、大幅度的修改,至于小规模的校对就更是数不胜数了。他的长篇小说《永别了,武器》,用 6 个月的时间完成初稿,而后又花了 5

我的未来不是梦

个月的时间进行修改,其中光是最后一页的文字就修改了39次。另一部叫做《丧钟为谁而鸣》的作品的修改历程则更为恐怖,海明威在完成初稿后曾连续修改了96个小时没有离开房间。他说自己最多的一次曾用光了7支铅笔才完成一天的写作!

海明威在写作的时候还有个奇怪的习惯——站着写,而且是金鸡独立式。"我采取这种姿势,使我处于一种紧张状态,迫使我尽可能简短地表达我的思想。"海明威如是说。而这个习惯则促使他的文风显得简洁明朗,却又精细入微,他主张"去掉废话",把一切华而不实的词句删去。海明威不光勤于创作,还崇尚经典。他阅读莎士比亚等文学巨匠的文学巨著,还喜欢高雅的音乐和绘画作品,他曾精心研究莫扎特的曲作,试图从中领悟基调的和谐和旋律的默契,他常欣赏油画家戈雅、法国现代派画家谢赞勒的作品,并从中汲取养分。写作本就不是单独存在的,它源自生活,与这世界上千千万万的事物相连接,存在于每一个浩大的画面和每一丝细腻的情感中,正是这样独特的生活经历、生活习惯、对美的欣赏、对生活的感悟以及勤奋的品格,才让海明威的作品得到了无限的升华,并上升到了绝世大家的高度。他的作品叙事简洁,精悍而不失细腻,对于人物心理的刻画和环境的描写更是出神入化。他的小说情景交融,浓淡适宜,善于用清新的文字和大篇幅充满情感内涵的对话来勾勒人心,让人印象极为深刻。

也许,命中注定海明威将要不凡——1939年,第二次世界大战爆发。在战争爆发之前的一年里,海明威就开始以战地记者的身份奔波于西班牙内战前线。二战开始后,他更是作为记者随军行动,还参加了解放巴黎的战斗。两年后的太平洋战争中,海明威将自己的游艇改装成巡艇,侦察德国潜艇的行动,负责为盟军提供情报。1944年,海明威又随同美军去欧洲采访,在一次飞机失事中海明威身受重伤却大难不死,而伤势刚刚痊愈,他就又投入到了敌后采访工作中去。他就是这样一个硬汉,不光是作家,而且是军人、是战士,他的生命已经与写作融为一体;他本身的人生历程就是一部史诗般的文学作品。

1929年,海明威的长篇小说《永别了,武器》出版,那是一部被誉为

"迷惘的一代"最出色的文学的作品。小说在战争的背景下描写了主人公享利和护士凯瑟琳的凄美爱情,并且深刻地指出了他们的幸福就是被罪恶的战争所埋葬的。

1940年,海明威发表长篇小说《丧钟为谁而鸣》,故事以西班牙内战为背景,是一部反法西斯主义巨作。故事中,美国青年乔顿是个富有正义感和责任心的青年,他在执行战斗任务的时候身负重伤,但他为自己的勇敢和正义感到深深的自豪。

1952年,海明威发表了中篇小说《老人与海》,这部作品深受广大读者的推崇,被誉为经典。故事描写了老人桑提亚哥与波涛汹涌的大海和凶猛的鱼类斗争的故事。主人公身上的坚韧不屈、平易近人、心胸宽广的特点,一直是海明威理想中的完美形象,或许更是对他自己的性格的一种暗喻。无论是海明威还是他作品中的人物,都极具"硬汉"的风采。他们不甘向困难屈服,与命运英勇博斗,是"人能够被毁灭,但是不能够被打败"的强者。这部作品在两年后让海明威获得了诺贝尔文学奖。获奖原因上写道:"因为他精通于叙事艺术,突出地表现在他的近著《老人与海》中,同时也由于他在当代风格中所发挥的影响。"

海明威还有数不清的经典著作,对当时的社会和后人都产生了深远的影响。而让人倍感惋惜的是这位硬汉的离去,他选择了用自杀的方式来结束自己的生命——1961年7月2日,蜚声世界文坛的他在家中饮弹。晚年的海明威患有很多种疾病,这给他带来的是肉体和精神的双重折磨——没有足够的精力能投入到创作中去让他苦闷抑郁,形成了更加消极悲观的情绪,而他选择离去的方式,或许也是一种"硬汉"的表现吧!海明威的离去让整个世界都为之震惊,他的这一枪杀死的不光是自己,而且让全美甚至全世界都为这样的枪声而感到震撼,很多以海明威作为人生标杆和精神支柱的人都因此消沉下去。美国总统约翰·肯尼迪曾说:"几乎没有哪个美国人比欧内斯特·海明威对美国人民的感情和态度产生过更大的影响。"

一位叫做胡安·贝尔蒙德的西班牙斗牛士,在听到"海明威自杀了"的消息时，只是轻声说了一句"好样的"之后，他也用跟海明威一样的方式离开了人世；奥多内斯则说："人们马上意识到，某种至关重要的东西骤然间从这个世界上消失了。海明威一死，他们自己的一生也就黯然失色。"人们痛不欲生，仿佛海明威"把我们的生命也给毁了。如今我也是个死人了。"

海明威和他的作品对当时的社会影响可见一斑。他影响了一代甚至几代美国人。人们争相仿效他和他作品中的人物，以他们作为自己生命的标杆。海明威甚至就是美国精神的化身。他就如同一把展开了的巨大雨伞，曾有无数人在这把伞下避雨、遮阳，如今，这把伞破了、碎了、倒了，人们应该何去何从？海明威的死让整个美国沉浸在深深的哀痛之中！

或许，这样的离开对于海明威来说，是最幸福也最正确的选择。饱受糖尿病、肝炎、消瘦症、抑郁症和精神疾病的折磨，他已经无力再感受生活、享受生命，也无力再战斗、再创作。对于海明威来说，这样的状况正可谓生不如死。当硬汉不再是硬汉的时候，他只想离去。这位精于狩猎技巧的男人，用自己生命中的最后一枪，捕杀的正是一只勇猛无敌的雄狮。

逐梦箴言

"硬汉"不是做作，"硬汉"是一个男人骨子里的尊严！

知识链接

《永别了，武器》

这部长篇小说是美国诺贝尔文学奖获得者海明威的主要作品之一。美国青年弗瑞德里克·亨利在第一次世界大战后期志愿参加红十字会驾驶救护车,在意大利北部战线抢救伤员。在一次执行任务时,亨利被炮弹击中受伤,在米兰医院养伤期间得到了英国籍护士凯瑟琳的悉心护理,两人陷入了热恋。亨利伤愈后重返前线,随意大利部队撤退时目睹战争的种种残酷景象,毅然脱离部队,和凯瑟琳会合后逃往瑞士。结果凯瑟琳在难产中死去。海明威根据自己的参战经历,以战争与爱情为主线,吟唱了一曲哀婉动人的悲歌,曾多次被搬上银幕,堪称现代文学的经典名篇。

知识链接

海明威

我的未来不是梦

智慧心语

1.一个经历了爱情创伤的青年,如果没有因这创伤而倒下,那就可能更坚强地在生活中站起来。

——玛格丽特·杜拉斯

2.大胆地假设,小心地求证;认真地做事,严肃地做人。

——胡适

3.沉着、勇猛,有辨别,不自私。

——鲁迅

4.对于朋友,是不能要求太严的,有时要能谅解是朋友之道中很重要的一条。评价友谊,要和历史环境、时代气氛联系起来。

——孙犁

5.人生来就不是为了被打败的,人能够被毁灭,但是不能够被打败。

——海明威

第九章

他们永远追求出类拔萃

◎导读◎

　　对于很多作家而言，他们生活和创作的目的和本质，就是追求出类拔萃。在现实生活中，我们每一个人也都想与众不同，受人尊重。但真正获得这样的成就感，实在不是一件易事。挑战自我，勇于创造，是世界上最难跋涉的人生之路；但，也唯有如此，才能跨过横在你面前的坡坎、险峰。

■ 一个人创造的世界

1946 年 8 月 13 日，英国著名科幻小说作家威尔斯最后一次走出家门，又三个星期之后，他死于肝癌，享年 79 岁。几乎所有认识他的人都参加了那个隆重的葬礼，人们在痛惜他离世的同时，重新回忆并赞叹他用幻想创造的世界。

在威尔斯半个多世纪的创作中，他为世人留下大量科幻小说作品，《时间机器》《隐身人》《大战火星人》等等，都让他的读者领略到了不乏科学依据，又想象力超群的独特魅力。他确立了现代科幻小说的主要因素和框架，因而人们为他戴上了"科幻小说之父"的桂冠。

威尔斯 1866 年出生在伦敦城外的布罗姆里肯特小镇。父亲经营一爿小店，母亲在一户富人家庭担任管家。因为父母都很少有时间管他，所以，他常被一个人放在那户富人家的厨房里。厨房位于地下室，无聊的他无人陪伴又没有玩具，所以，只好从狭小的天空展开他无边的想象。人们后来猜测，他那天马行空似的无边想象力，是不是就是在那时培养的。

威尔斯 14 岁的时候，父亲破产了，家里失去了主要经济支柱，尚处少年的威尔斯被迫来到伦敦，进入一家商行当学徒。学徒的生活是异常辛苦的，几乎每天都要工作 12 个小时，威尔斯常因读书误事，所以不久就被商行开除了。

在母亲把他送入另一家商行前，4 个月的一段闲暇时间里，威尔斯可谓是幸福的，他有时间读完笛福的著作，并阅读了柏拉图的《理想国》。这些作品给他留下了深刻的印象,并教他学会了用批评的目光去看待一切。

4个月后,母亲把他送进商行,他的幸福时光宣告结束。但仅仅一年之后,15岁的他步行30英里来到母亲身边,毅然决然地告诉她,自己不能这样生活下去,否则,只有一死!也许,正是威尔斯的这一决定,使他的天赋和梦想有了互相结合的机会。他利用仅仅两年的时间,学完了包括化学、物理学、天文学、地质学、植物学等科目的学习,并获得了伦敦一所大学的奖学金!

看一看他的导师是谁吧?他就是著名科学家、英国科学界的权威之一——赫胥黎。这位导师教授他生物学,因为他对达尔文理论作无畏的辩护,使威尔斯受到深远的影响。人类是否存在着物种进化上灭绝的可能,抑或人类可以创造性改变自己并得以生存下去。威尔斯的想象力和好奇心使他对思考这样的问题尤为着迷。

威尔斯尝试着创作。

1887年,他在自己筹办的大学刊物上发表了《一个20世纪的故事》。他希望自己能够用作品来说明并证实这个世界上一些重大问题。

花费2年时间,6易其稿的《时间机器》如是。

《大战火星人》如是。

《解放的世界》如是。

威尔斯像一个预言家一样,把人类的未来提前"点化"给世人。在《时间机器》中,他预感人类将要面临进化危机,果然,1914年,爆发了第一次世界大战。

《大战火星人》中,他预言了现代武器的诞生,那就是小说中火星人使用的"热光"和"黑烟"。"热光"一触即燃,无坚不摧;"黑烟"状若蘑菇云团,毒化空气,令生灵窒息。这样的描述不容我们不把以后几十年里或者更长时间内发生过的事实与之对比。

……

还有很多作品,均可以证明威尔斯的思考令人"触目惊心"!

说到《大战火星人》,还有一个有趣但不可笑的故事:

1938 年 10 月 30 日，万圣节的前一天，华盛顿大学的学生马丁开车去接自己的女友。路上，他打开收音机，听到了一个骇人听闻的消息：火星人正在进攻地球。马丁不以为然，认为这只是广播电台的恶作剧。可是当他赶到女友家里时，发现女友一家惊恐不已。广播里说，火星人攻打了纽约，并已经捣毁了电力系统，占领了城区——火星人外貌丑陋，手执喷火器和毒瓦斯，正向地球人展开攻击。广播里的说法难辨真假，而马丁和女友，所在的康克托城真的停了电，许多人跑到大街上用湿毛巾捂住口鼻，防止毒气伤害自己。更有人冲向超市，抢购食品；警察局里也挤满了逃难的人群……

当然不会发生火星人进攻地球的事情。一切的始作俑者是哥伦比亚广播公司的一部广播剧。虽然该公司在广播剧播放过程中，数次插播说明，但在事后的一项调查中，整个国家约有 170 万人相信此乃新闻，其中绝大多数人产生了严重的恐慌情绪。

这就是新闻史上著名的"火星人入侵"事件。而引发这场事件的广播剧就是根据威尔斯的《大战火星人》改编的，可见威尔斯科幻小说有着怎样的魅力和"听众效果"。

在谈到自己的私生活时，威尔斯曾在给朋友的信中说："我或许扼杀了一切成功的可能，但是不管怎样我必须这么做。"这句话在某种意义也可以反过来去看，为了实现梦想，威尔斯曾放弃过有可能成为在常人眼里足以维持生计的"成功"。

逐梦箴言

想象力和创造力永远是产生奇迹的源泉！

火星

火星,太阳系九大行星之一,按距离太阳的远近次序计为第四颗行星,属于类地行星,直径约为地球的一半,自转轴倾角、自转周期均与地球相近,公转一周约为地球公转时间的两倍。在西方称为"战神玛尔斯",中国则称为"荧惑"。橘红色外表是因为地表的赤铁矿(氧化铁)。火星基本上是沙漠行星,地表沙丘、砾石遍布,没有稳定的液态水体。二氧化碳为主的大气既稀薄又寒冷,沙尘悬浮其中,常有尘暴发生。火星两极皆有水冰与干冰组成的极冠,会随着季节消长。

威尔斯

■ 表达你能表达的,抗争你能抗争的

在 19 世纪法国浪漫主义文学史上,乔治·桑以其民主主义和人道主义的乌托邦理想为标志,创作出一大批灿烂耀眼的浪漫主义文学作品,她因而成为仅逊于雨果的又一个浪漫主义大师,为法国文学,欧洲文学乃至世界文学作出了重要贡献。

她的影响不容忽视。

她用她的眼睛洞察,用自己的大脑思考,用自己的方式表达。她与众不同,气质潇洒,她拥有和男人一样的名字,她赋予世界爱和灵魂。

乔治·桑,一个有着叛逆精神的女性。她是如何走上创作之路的?

乔治·桑 1804 年 7 月 5 日出生于巴黎一个贵族家庭。父亲是高级军官,母亲是捕鸟人的女儿。门第的差距让她的父母对她的到来既欣喜又担忧,身为伯爵夫人的婆婆能够接受这个现实吗?

他们心里的忐忑可想而知。

可无论怎么说,乔治·桑还是幸运的。至少,未来的日子表明,她的祖母接受了她。

对了,乔治·桑这时候还不能称之为乔治·桑,她的名字叫奥罗尔。

奥罗尔 4 岁的时候,父亲在一次骑马中摔死,原本关系不睦的婆媳二人在处理完亲人的后事之后,对奥罗尔的生活进行了“规范”。祖母提出由她抚养和调教孙女。母亲没有异议。于是,母亲一个人回到了巴黎,而小奥罗尔留在了祖母的身边。

祖母对她的调教是严格的,虽然她语气温和,从不大声呵斥,但只要奥罗尔"越轨"半步,她总会及时出面制止。

"我的孩子,您的那副样子像个驼背的人。"

"我的孩子,您又忘记戴手套了!"

"我的孩子,您已经是大人了。"

乔治桑在她后来的自传里说:"大人!我只有7岁呀,从来没有人对我讲过我已经是个大人了。我妈妈刚刚离开,我就一下子变成大人了,这使我感到又恐慌又讨厌。"

祖母的管束让乔治桑的"个性觉醒了",但"到了懂事的时候,才真正地爱上我的祖母。"

虽然有"恐慌和讨厌",但奥罗尔也感到快乐,她可以摆脱祖母的制止,跑到田野上和男孩子一起玩耍,看天空,看大地,尽情呼吸自由的空气。这样生活到了14岁,放荡不羁的奥罗尔被送进巴黎一家女修道院。她要在那所时髦的住宿学校里学习礼仪和处事规矩。祖母希望她能够出落成一个文雅贤淑、落落大方的女孩儿。

修道院是封闭的,不许出门,这让奥罗尔十分气恼。她故意调皮,惹是生非,顶撞老师,不服管教,被学校视为最叛逆的孩子。尽管后来随着年龄的增长,她被知识吸引受善念感化,热心帮助弱者,受到修女和同学们的喜欢,但她骨子里透露出来的英气,还是给老师留下了深刻的印象。

17岁,奥罗尔从修道院毕业了,出现在祖母眼前的少女气质端庄,身材苗条,完全一副贵族小姐的派头。这使她倍感欣慰。她以为自己多年的努力终于奏效,她的孙女摆脱了她贫贱的母亲遗传给她的庸俗和固执,变成了她心目中的大家闺秀,可以安安静静陪在她身边;但她很快发现自己错了。

那所修道院里的神秘教育,并没有淹没奥罗尔的野性,它只是短时间的隐蔽了,一个"假小子"很快就浮出水面,并且变得更难"控制"。她不顾祖母的反对,经常跑到外边晒太阳,她嫌女装过于束身,便改穿男服,她还学会了骑马,和男人一样在原野上驰骋。

当然,奥罗尔并不是一个一味疯野的"假小子",她吟诗,作文,弹琴,画画,唱歌,跳舞,骑马,打猎,钓鱼,几乎无所不好无所不能。而且,在所谓的正规场合,她我行我素,不拘一格。

她的母亲责备她。

她会立刻回答:"您要我挽着女仆的手去散步,好像我会摔跤似的。可是,在我童年时,我需要去森林里玩……我17岁了,我自己会走路。"

读到这里,有人不禁会问,奥罗尔,未来的乔治·桑,她究竟在叛逆着什么?

这从她的自传中不难找出答案。

谈到她在修道院的学习,她写道:"老师让我们之中的一些人坐好,让另外一些人一会儿进来,一会儿出去,还教我们如何向女主人行礼,然后便轮到公主,公爵夫人,侯爵夫人,伯爵夫人,子爵夫人,男爵夫人和院长夫人,不管哪一位都要合乎他们的身份,亲切庄重,不卑不亢……我知道还有什么!在法兰西的这一套繁文缛节里,所有的这一切,甚至连如何打喷嚏,都事先考虑到了。"

谈到出去打猎时,她父亲似乎也变得鲜活,"我所喜欢的只是拿着猎网与鸟笛,到那返青的麦地里去打几只鹌鹑。天还没亮,他就把我叫了起来,我躺在一条犁沟里不住地叫喊着,而他则立在麦田的另一端把猎物朝我这边驱赶。"

比起这两件事来,哪一件更符合一个少年或青年的天性的健康发展呢?

1812年,老祖母风烛残年,卧病不起。奥罗尔一边照料她,一边贪婪地阅读各种书籍。在众多的文学前辈和先哲中,她最崇拜的是卢梭。他成了她的精神导师。奥罗尔曾表示:"卢梭是我工作的最终点。"

1812年12月25日,祖母闭上了双眼,奥罗尔也失去了一位良师益友。她来到巴黎,和母亲生活在一起。本以为母亲可以像小时候一样多给她一些自由,谁知,母亲对这个回到自己身边的女儿管束更严。女儿远大的志向母亲无法感知,奥罗尔也感到与母亲无法融合,她很快离开母亲的家,前往离巴黎不远的普莱西小住。

在普莱西,正值妙龄的奥罗尔坠入爱河,与一个比她大9岁的黑人恋爱,结婚,生子,后来又育有一个女儿。但是,这个女儿的到来,也宣布了他们婚姻的结束。奥罗尔感情细腻,兴趣广泛,而她的丈夫却是一个平庸的人。他们分手是这场并不般配的婚姻的必然结局。

叛逆而倔强的奥罗尔毅然离开丈夫,去巴黎独立谋生,她做一切自己能做的事,例如译书,画像,鼻烟壶和木质香烟盒的装潢等等,同时,她也开始尝试创作,1832年5月,她第一次以乔治·桑的名字发表了处女作《印第安纳》,并一举成名。

乔治·桑一生创作颇丰,其中《茉莉亚》,《安吉堡的磨工》,《魔爪》等,都称得上她的代表作。

"对人慈善,对己自尊,对主虔诚。"是她的二十卷回忆录的题记。这个题记也可以说是她一生处世为人的最简洁的概括。文学大师雨果这样评价她:"她在我们这个时代具有独一无二的地位。特别是,其他伟人都是男子,唯独她是女性。"

逐梦箴言

在很多时候,叛逆是一把双刃剑,它既可以刺杀对手,也容易伤到自己。在我们的人生道路上,前进的方式很多,而叛逆只是其中一种!乔治·桑选择叛逆,是因为她不想回避,她想直面人生,表达自己要表达的,抗争自己能抗争的。

《安吉堡的磨工》

法国乔治·桑作于 1845 年的一部长篇小说。该书写的是
贵族妇女玛塞尔与机械工列莫尔相爱。为了消除两人地位的
悬殊,她决定放弃财富和地位。在去已故丈夫的封地途中,她
结识了安吉堡的青年磨工路易,并得知路易与暴发户的女儿
相爱,但因贫穷难以遂愿。为了成全这对情人,玛塞尔以廉价
出卖庄园为条件,迫使暴发户同意了女儿的婚事。作品反映
出封建贵族在农村的地位和权益被资产者所取代的命运;随
着资本主义的发展,金钱这一"魔女"也开始向农村侵入,成为
统治一切支配一切的"国王"。作者对此极为反感,但又无可奈
何,十分矛盾。

乔治·桑

我的未来不是梦

177

■ 我要遵守自己的诺言

巴金在遵守诺言。这个诺言他在不同的场合说过,但更多的时候,这个诺言在他的心底,不论是卧病床榻,还是手不能捉笔,他一直遵守着。这个诺言如同他的生命一样,闪闪发亮。

"我要遵守自己的诺言,绝不放下手中的笔。"

这个声音激励着他自己,也一直激励着世人——无论你是否想当一个作家。

时间回溯到1931年,有一个年轻人站在闸北宝山路宝光里的弄堂口,满脸泪水地呆立不动。暮春的风拂动他的头发,他的手在不自觉地微微地颤抖。阳光把街边黑铃木的树影拉得很长,仿佛要使这阴影掩盖他的忧伤。

可是,如何能办到呢?

那年轻人几乎陷入绝望。

但他知道,这绝望是绝不允许占据他的心头的,他要呐喊,他要伸冤!为他大哥,为他自己,为他那些横遭摧残的兄弟姊妹!

他手中的笔不再单纯为了糊口。

他要写!写一本小说!不!不是一本!是很多很多。

大哥的面容是清瘦的,但又是多么的和蔼。三年前,不,两年多一些,他不是还陪自己坐在霞飞路的一家公寓里,听自己对他谈起《春梦》吗?他怎么能自杀呢?他为什么要这么做?他多傻呀!他曾是有梦想的人啊,想去上海或去北平有名的大学读书，然后，到德国去学化学。虽然这梦想未能实现。但它的颜色有多么的瑰丽！

但他，终归是服毒了。

也许，冥冥中真有上天在安排着一切。

在霞飞路谈《春梦》的时候，虽谈得不多，但大哥表示支持。回老家后，大哥又写信来说："《春梦》你要写，我很赞成；并且以我家人物为主人翁，尤其赞成。实在的，我家的历史很可以代表一切家族的历史……我现在向你鞠躬致敬，希望你有余暇把它写成。怕什么！"

与大哥的信相差又一年多，《时报》要约年轻人写一部连载小说，每天一千字左右。年轻人当时就想，这《春梦》要成现实了。于是，不管有没有经验，提笔写了《总序》，接着，又写了头两章《两兄弟》和《琴》。交给编者，很快就发表了。

当时，自己多么希望大哥能知道这消息！

4月18日，《时报》的连载开始，可这时，大哥已离开人世。碰撞得这么准，都在这一天！

他多么想告诉大哥，《春梦》改名为《激流》，因为自己不是在写消逝的渺茫春梦，实实在在要写奔腾的生活的激流！

……

风吹响。

年轻人从回忆中醒来，他猛地擦干眼泪，转身往一幢石库门的二层楼房走去。空悲伤有什么用，是这个黑暗的时代杀死了大哥，要控诉，要伸冤！

入夜，那小楼一层的灯光一直亮着。那年轻人，那个叫巴金的年轻人又汇入到"激流"中去了……

《激流》从1933年4月18日起，在《时报》上连载了五个多月，后来，因为"九一八"事变，报纸关注时事，连载停了下来。报纸停了连载，巴金却没有停笔，他一直在写，一张方桌，一个凳子，一张破旧的沙发……他一直在写，到12月，在小方桌上，《激流》完稿了。

两年后,这部书稿由开明书店出单行本,名字叫《家》,是"激流三部曲"的第一部。

1931 年的巴金,对于巴金来说非常重要。这一年,是《家》诞生的一年,同时,他的第一个短篇集子《复仇集》由新中国书局出版;"爱情三部曲"之一《雾》先在上海《东方》杂志连载,后由新中国书局出版。除此之外,他的第二个短篇集子《光明集》编成,次年也在新中国书局出版。

1931 年不是巴金写作的开始,亦不是终结,但值得纪念,值得铭记!

"我要遵守自己的诺言,绝不放下手中的笔。"

半个多世纪,中国的文学天空仿佛一直回响着这个声音,它有时是嘹亮的,有时是喑哑的,有时甚至是沉默的,但是,这个声音从来没有从热爱巴金的读者耳畔消失!

距离 1931 年又 47 年后的 1978 年 12 月 2 日,巴金又为他晚年时期,也应该说他文学生涯的又一部巨著《随想录》写下了《总序》。

"我年过七十,工作的时间不会多了。在林彪和'四人帮'横行的时候,我被剥夺了整整七年的大好时光,说是要夺回来,但办得到办不到并没有把握。我不想多说空话,多说大话。我愿意一点一滴地做点实在的事情,留点痕迹。我先从容易办到的做起。我准备写一本小书,《随想录》。我一篇一篇地写,一篇一篇地发表。这些文字只是记录我随时随地的感想,既无系统,又不高明。但它们都不是四平八稳,无病呻吟,不痛不痒,人云亦云,说了等于不说的话,写了等于不写的文章。那么就让它们留下来,作为一声无力的叫喊,参加伟大的'百家争鸣'吧。"

《随想录》一共写了"五集",最后一集叫《无题集》,在《随想录》的《后记》中,巴金说:"我们这一代人的毛病就是实话实说得太多。写作六十几年,我应当向宽容的读者请罪,我怀着感激的心向你们告别,同时献上我这五本小书,我称他们为'真话的书'。我这一生不知说过多少假话,但是我希望在这里你们会看到我的真诚的心。这是最后的一次了。为着你们,我愿意再到油锅里受一次煎熬。是真是假,我等待你们的判断。同这五本小书一起,我把我的爱和祝福献给你们。"

这一天是 1986 年 7 月 29 日。

这一年,巴金 82 岁。

他的声音还是那么清晰,我们都听得见……

逐梦箴言

　　从拿起笔的那一天,巴金几乎每一天都在写。他一生创作就是"激流",即使汇入大海,也要跟随洋流,跟随季风,不停地向前。这或许说,就是他出类拔萃的原因吧?

知识链接

《激流三部曲》

　　包括《家》《春》《秋》三部连续性的长篇小说。是中国现代著名的小说家、散文家、翻译家巴金的早期代表作。其中《家》的艺术成就最高。《激流三部曲》是巴金呼吁自由、民主,尊重人格、人性解放的最鲜明的一面旗帜。在中国现代文学史上占据着重要的地位和起着巨大的作用。

■ 关于钱锺书的十二个片段

钱锺书小的时候也很顽皮,曾捉了青蛙放到鞋子里,结果,上课时,青蛙跳出来,蹦的哪里都是。满室哄堂。顽皮是顽皮,但功课好,尤其国文,先生对他的父亲也赏识,常批"眼大如期","爽若哀梨"。小学毕业后,他与堂弟钱锺韩同上苏州桃坞中学,英文便在那里有了基础。桃坞中学停办,他与堂弟又一同考上无锡辅仁中学,高中二年时,参加学校一次国、英、算三项全校比赛,钱锺书得了国文、英文第一名;锺韩得了国文、英文第二名,数学第一名。

因为读书,钱锺书小时也挨父亲的打,从某种意义上说,他的学问是父亲打出来的。据说,有一天忽然给打得豁然开通了。原本就不是不用功,结果,更加用功。父亲朝夕教诲,自己也勤奋自勉,及至十七八岁,已可为父亲代笔。他父亲钱基博何许人也? 大儒! 能给大儒代笔,了得。"代"些什么,不一一列举,只说一件事,父亲很少夸他,有一天忽然夸了他,痴姆妈在一旁闲听了,也高兴得不得了,立刻跑出去报信,"阿大啊,爹爹称赞你呢! 说你文章做得好!"夸的是哪一篇? 钱穆的《国文概论》序文,本应钱基博写,结果是钱锺书代笔,"文字畅达壮丽乃其余事。"钱穆何许人也?大儒! 都是大儒!

1929 年夏天,钱锺书与钱锺韩高中毕业,一同报考清华。入学考试时,钱锺书拿到数学试卷如读"天书",几乎"一窍不通"。他草草了事,交卷大吉。结果,发榜时,他的数学只有 15 分。按清华的规矩,一科不及格,不予录取。可是,钱锺书的国文和英文成绩都是第一名,而且,英文还是满分。主管录取的老师不敢做主,上报校长。当时,清华校长罗家伦看了钱锺书的国文和英文卷子,赞叹不已,当即拍板儿,打破规矩,破格录取。

清华才子多,据说钱锺书和朱自清当年曾号称"横扫清华图书馆"。有一次,他的同学万家宝,也就是后来的曹禺,同吴组缃闲坐聊天,忽然看见钱锺书。曹禺对吴组缃说:"钱锺书在喝茶呢,还不快叫他给你开禁书看?"

当时的清华图书馆外版书多,但一般的学生不知哪本是禁书,也不知哪一本好看。吴组缃请钱锺书帮忙开三本,结果可好,钱锺书随手开出四十几本,且每一本都写清了书名,作者,内容简介……观者无不称奇。

清华才子多,教授也年轻。赵万里给钱锺书他们开版本目录学课时,才 25 岁。年轻教授相当自负,开课时,谈到某本书,非常得意,说:"不是吹牛,某某版本只有我见过。"课后,钱锺书和吴晗都觉得差矣。"他说的版本我也见过。"而且,钱锺书还说了一句,那个版本他见过多次。赵万里本打算给学生们讲十个题目,没想到刚讲第一个题目就落下笑话,想想算了,留下七八个题目给钱锺书和吴晗,他们能讲,就让他们讲吧。

1933 年秋天,钱锺书应聘到上海光华大学教书,住教师集体宿舍。同室的顾献梁也是研究文学的。有一天,顾献梁正读一本深奥的文学批评史,恰被钱锺书遇见。钱锺书说:"这本书我以前读过,不知现在还记不记得了,你抽出一段考考我看。"顾献梁不了解钱锺书,对他的话半信半疑,于是,特意选了几段难懂的来考他,不想,他才说了开头,钱锺书就接着背下去了,而且,十之八九不差。顾献梁大惊。

1942 年冬天,钱锺书和杨绛在上海。受陈麟端、李健吾两位剧作家影响,杨绛开始尝试戏剧创作。他们在一个馆子里吃烤羊肉,用二尺来长的筷子,谈到喜剧,李健吾和陈麟端对杨绛说:"你也试试?"杨绛是才女,性格也幽默,很快就交了一部喜剧《称心如意》。李健吾一读,大为欣赏,决定立即排演。《称心如意》出手不凡,上演后大火。随后,杨绛又写了《弄真成假》,再演,再火。这就是中国现代喜剧"双壁"让杨绛名气大增,甚至超过了钱锺书。一天,夫妻二人同去看《弄假成真》。回家后,钱锺书突然说:"我想写一部长篇小说。"

于是,有了《围城》。

建国后,钱锺书经吴晗再三邀请,举家北上重返清华。从此定居北京。他先在清华教书,后到中国科学院社会科学部,院长是郑振铎,同事有俞平伯、何其芳。1955年,钱锺书接到任务参与编纂《宋词选注》,他旧学底子好,选注宋词不成问题。可是,当时一切以阶级斗争为纲,篇目选定框框很多,工作起来放不开手脚。于是,他在注解诗人小传上下了功夫,尽量做得好读,有趣。胡适是行家,一眼看破,说:"他是故意选些有关社会问题的诗,不过他的注确实写得不错。还是可以看看。"

"文革"开始后,钱锺书有十几年没写东西,对他个人是痛苦,对于国家是损失,1972年,一批老弱病残被"特赦"回京,钱氏夫妇亦在其列。他们住在文学所的办公室里,一住就是几年。稍稍安定,钱锺书就偷空看书。并开始写《管锥编》。"文革"后期,国家有些重要活动也想请他参加,但他多次拒赴"国宴",目的只有一个,写《管锥篇》。写这样一部巨著,主要的参考资料是他的读书笔记,杨绛在热心的年轻人们的帮助下,把五麻袋读书笔记运回文学所,钱锺书就在这些故纸堆中征引。

1975年,巨著的前四册基本写定。

1978年9月,钱锺书参加意大利奥尔蒂赛召开的第26届欧洲汉学会。会上,钱锺书作了题为《古典文学研究在现代中国》的即兴式报告。报告不长,用英语发言。钱锺书从前到过意大利,但对意大利文学可谓精通。报告中,他根据需要,时时加以援引背诵,若引到意大利作家的作品,无论大家,还是小家,他都能随意援引,背诵原文,往往丝毫不差。欧洲的汉学家无人不叹服!

诺贝尔文学奖评奖委员会的大汉学家马悦然来中国访问,钱锺书质问他:"你跑到这儿来神气什么?你不就仗着我们中国混你这碗饭吗?在瑞典,你是中国文学专家,到中国来你说你是诺贝尔文学奖评奖委员会的专家,你说实话,你有权投票表决吗?作为汉学家,你在外面做了些什么工作?巴金的书译成那样,欺负巴金不懂英文是不是?那种烂译本谁会给奖?

中国作品就非得译成英文才能参加评奖，别的国家都可以用原文参加评奖，有这道理吗？"

马悦然无地自容。

1998 年 12 月 19 日晨，大师离世。这之前，他与夫人杨绛早就闭门谢客，乐守安然。大师葬仪简单，遵其遗嘱，一切从简。二三亲友相送，不举行任何纪念仪式，恳辞花篮，花园不留骨灰。

如杨绛先生百岁时说的一句话：要洗干净了，再回去。

逐梦箴言

大师之风骨，由此可见一斑。钱锺书堪称大儒之典范，其人生慷慨纵横，可圈可点！

知识链接

《围城》

钱锺书所著的长篇小说。故事主要写抗战初期知识分子的群相。《围城》并不仅仅是一部爱情小说，而是钱锺书"锱铢积累"写成的，小说没有明确的故事线索，只是一些由作者琐碎的见识和经历"拼凑"成的琐碎的情节。它的内容是多方面的，它的主题和象征是多层次的。《围城》是中国现代文学史上一部风格独特的讽刺小说，被誉为"新儒林外史"。

我的未来不是梦

185

智慧心语

1.真理不存在于丑化了的现实里。

——乔治·桑

2.我唯一的心愿是:化作泥土,留在人们温暖的脚印里。

——巴金

3.有群众生活的地方全有政治。

——钱锺书

4.只有把抱怨环境的心情,化为上进的力量,才是成功的保证。

——罗曼·罗兰

5.本来无望的事,大胆尝试,往往能成功。

——莎士比亚

第十章

他们给我们带来了什么

◎导读◎

　　也许到了某种时刻,我们最需要问的是:我们给自己带来了什么?但是,当你的思维还在飘乎之时,聆听一下智者的声音,也不失为明智的选择。下面,让我们一同总结一下——

另一番世界

小的时候,我们翻开一本书,总会被他的故事所吸引。我们从来没有想过,这本书给我们带来了什么;这个写书的人要告诉给我们一些怎样的道理。但是,有一点可以肯定,那书的故事,或者人物,或者某一个小小的细节,都深深地打动了我们,让我们哀愁,让我们欣喜,让我们担忧叹气,也让我们热泪盈眶……我们在很小的时候,就体会到了书的魅力。我们对那些写书的人报以崇高的敬意。

时间让我们慢慢贴近了那些文字背后的英雄。渐渐的,我们也学会了思考,我们隐隐约约地感受到了,他们如此努力,近乎挣扎,用一息一息的生命奋斗着,一刻也不肯停歇——他们是在发出呼喊,开启我们蒙昧的视听。

在天边的历史长河中,无论上溯到哪一个年代,我们都可以辨晰那些写作的身影,他们想尽一切办法,把他们的思想种子播撒于人类的土地。

孔子说:“诗三百,一言以蔽之,思无邪。”这是一个多么美好的态度,它几乎从一开始就让文字出落得如此干净。

亚思大多德说:“我爱我的老师,我更爱真理。”这是一个多么质朴而执著的声音,因为它的督导,文人的脚步不再歪歪斜斜。

中国的上古神话,让我们的想象如此飞扬;古希腊、古罗马、古印度的传说,让我们的智慧如此的通达。司马迁们、李白们、苏轼们、龚自珍们、鲁迅们,一代一代的中国作家灿若星辰,依次点亮文学的天空;荷马们、莎士比亚们、雨果们、屠格涅夫们、福克纳们,一代一代的外国作家润如大泽,纵横分布艺术的原野。

■ 这番世界充满力量

多么壮观的阵容啊！无需号角,无需金鼓,他们的脚步就是震聋发聩的宣言,昼夜不停地涌动在我们的血液和思想之中。

他们给我们带来了什么?

他们给我们带来了梦想——每一个人来到世上,怎能缺少梦想！正是这些作家,以他们的梦想为火炬,点燃了我们的梦想之火,让我们在人生的道路上,时刻都可以盯紧目标。

他们给我们带来了什么?

他们给我们带来了坚韧——每一个人立世之后,都不可避免地要面对现实。正是这些作家们,用他们的实际行动做教材,指引我们在松懈的瞬间,猛然觉醒我们的懒散和随意。

他们给我们带来了什么?

他们给我们带来了希望——每一个人的一生,不可能一帆风顺。当厄运来临时,我们又应如何应对?正是这些作家们,不但率先垂范,还振臂高呼:"给生活以时间,去纺出你看不见的命运的金线！"

他们给我们带来了什么?

他们给我们带来了真诚——每一个人的生命中,随着时间的推移,都不可避免地有虚假、恶毒、贪婪、冷漠之欲渗透其中,正是这些作家们,用他们精心刻画的种种人物,准确地校正了我们的坐标。

他们给我们带来了什么?

他们给我们带来了爱——孤独的人又如何行走在这个世界呢?所以,在茫茫人海之中,作家们栽种了一朵又一朵艳丽绝伦、馨香无比的鲜花,让我们汲取温暖的力量,化孤独的灵魂为合欢的云雀,在明朗的天空中自由飞翔。

他们给我们带来了什么?

他们给我们带来了良知——迷途的羔羊不易找到回家的路,朝阳里、夕阳下,不停地挥动着手中无形的鞭杆儿,用美丽的吟歌传播真理,使我们放弃无知的妄动,沐浴在至善的光辉。

他们给我们带来了什么?

他们给我们带来了尊严——放弃进取和躲避黑暗一样,都是懦弱者的单薄的自我保护的盾牌。正是这些作家们,迎风而立,遇雨昂头,以黎明的姿态,站成一棵挺拔的高树,用坚定的目光鼓励我们,不管如何,绝不能让自己的追求搁浅,更不能使之褪色。

他们给我们带来了什么?

他们给我们带来了无往而不胜的信念——踏踏实实做人,认认真真做事,永无绝望,永不放弃,给咖啡加点盐吧,就算前边是巨大的死亡的阴影,你也要相信,你的心底自带了光明!

其实,他们带给我们的东西实在简单不过——去读一读吧,去看一看吧,去思考思考吧,然后动笔,写下只属于你自己的两个字:人生!

◦智慧心语◦

1.业精于勤,荒于嬉;行成于思,毁于随。

——韩愈

2.你若要喜爱你自己的价值,你就得给世界创造价值。

——歌德

3.社会犹如一条船,每个人都要有掌舵的准备。

——易卜生

4.人生不是一种享乐,而是一桩十分沉重的工作。

——列夫·托尔斯泰

5.生活只有在平淡无味的人看来才是空虚而平淡无味的。

——车尔尼雪夫斯基